AF325787

PRIERES

MATIN.

Au nom du Pere, et du Fils, et du saint Esprit.
Ainsi soit-il.

VENI SANCTE SPIRITVS.

ENEZ, Esprit saint, Ve-
nez remplir les cœurs
de vos fideles, et les em-
brasez du feu de vostre
diuin amour.

PRIERE.

IVIN flambeau, Lumiere des saintes ames, éclairez mon esprit d'vn de vos rayons, ét jettez dans mon cœur vne étincelle de ce feu qui embraza si viuement les saints Apostres, et les remplit de tant de connoissance et de zele, que ni l'exil, ni les prisons, ni la mort, ne les pûrent empécher d'anoncer les veritez que vous leurs auiez reuélées. O Esprit consolateur, faites que je puiſſe vous faire connoistre, et vous adorer au peril de mon sang, et de ma vie même. Ainsi soit il.

LA PRIERE
DV
SEIGNEVR

OSTRE Pére, qui estes dans les Cieux, que vostre nom soit sanctifié. Que vostre régne arriue : Que vostre volonté soit faite en la terre comme au Ciel.

PRIERES

Donnez nous aujourd'huy nôtre pain de chaque jour:

Et pardonnez nous nos offenses, comme nous pardonnons a ceux qui nous ont offensez:

Et ne nous laissez pas succomber a la tentation,

Mais delivrez nous du mal.

Ainsi soit-il.

LA SALVTATION DE L'ANGE.

JE vous saluë, Marie pleine de grace, le Seigneur est avec vous: Vous estes benie par dessus toutes les femmes, et Iesus le fruit de vos entrailles est beny.

Sainte Marie, mere de Dieu, pri-

ez, pour nous pauures pecheurs,
maintenant, et a l'heure de nostre
mort. Ainsi soit-il.

LE SYMBOLE DES APOSTRES

 E croy en Dieu le Pere
tout-puissant, Crea-
teur du ciel et de la
terre :
Et en Jesus-Christ
son Fils vnique, nostre Seigneur.
Qui a esté conceu du saint Esprit,
qui est nay de la Vierge Marie.
Qui a souffert sous Ponce Pilate, a
esté crucifié, mort, et mis dans le se-
pulcre.
Qui est descendu aux enfers, et est
ressuscité des morts le troisiesme
jour.

PRIERES

Qui est monté aux Cieux, qui
est assis `a la droite de Dieu le Pe-
re tout-puissant.
Et qui de la viendra juger les vi-
uans et les morts.

Ie croy au saint Esprit,
La sainte Eglise Catholique :
La Communion des Saints :
La remißion des pechez :
La resurrection de la chair :
Et la vie éternelle. Ainsi soit-il.

LA CONFESSION DES PECHEZ

E me confesse a Dieu
tout puissant, a la bien
heureuse Marie tou-
jours Vierge, a saint
Michel Archange, a
saint Jean Baptiste, aux Apostres

saint Pierre et saint Paul, a
tous les Saints ; et a vous, mon
Pere, de tant de pechez que j'ay commis par pensées, par paroles, et
par actions : je les auoüe, je m'en
sens coupable, je m'en reconnois
tres-coupable. C'est pourquoy je
supplie la bienheureuse Marie
toujours Vierge, saint Michel
Archange, saint Jean Baptiste,
les Apostres saint Pierre et saint
Paul, tous les Saints ; et vous, mõ
Pere, de prier pour moy nostre Seigneur et nostre Dieu.

VE Dieu tout puissant
nous fasse misericorde,
et qu'aprés nous auoir
pardonné nos pechez, il
nous conduise a la vie eternelle.

VE le Seigneur tout-
puissant et tout miseri-
cordieux nous accorde
le pardon, l'absolution,
et la remission de tous nos pechez
Ainsi soit-il.

Eigneur, gardez nous
en ce jour de tout peché
Ayez pitié de nous,
Seigneur: ayez pitié
de nous.

Repandez sur nous vostre misericorde et vostre grace: selon l'esperance que nous auons mise en
vous.

Seigneur, écoutez ma priere: et
que mes cris s'éleuent jusques à
vous.   Prions.

SEigneur Dieu tout-puissant

qui nous auez fait arriuer au
commencement de ce jour, sauuez
nous aujourdhuy par vostre puissance, afin que durant cette jour-
née, nous ne nous laissions aller a
aucun peché; mais que toutes nos
paroles, nos pensées, et nos actions
estant conduites par vostre grace,
ne tendent qu'a accomplir les re-
gles de vostre justice. Par nostre
Seigneur Jesus Christ vostre Fils,
qui vit et regne auec vous en l'vnité
du saint Esprit par tous les siecles
des siecles. Ainsi soit-il

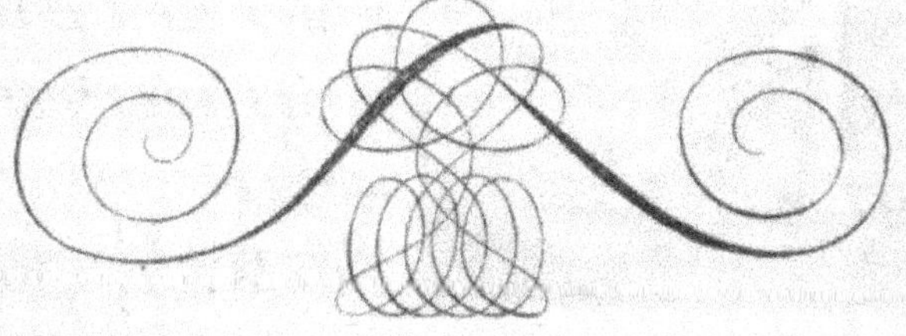

LES LITANIES
du Sainct Nom
DE

IESVS

YRIE *eleison.*
Christe eleison.
Kyrie eleison.
Pater de Cœlis
Deus, miserere
nobis.
Fili Redemptor
mundi Deus, miserere nobis.

Spiritus sanĉte Deus,   mi.
Sancta Trinitas vnus Deus, mi_
serere nobis.
Jesu Fili Dei viui,   mi.
Jesu splendor Patris,   mi.
Jesu candor lucis eternæ, mise_
rere nobis.
Jesu Rex gloriæ,   mi.
Jesu Sol justitiæ,   mi.
Jesu admirabilis,   mi.
Jesu Deus fortis,   mi.
Jesu Pater futuri sæculi   mi.
Jesu magni consilij Angele,
miserere nobis.
Jesu patientißime,   mi.
Jesu potentissime,   mi.
Jesu obedientißime,   mi.
Jesu mitis et humilis corde, mi
serere nobis.

PRIERES

Jesu amator castitatis,   mi.
Jesu amator noster,   mi.
Jesu Deus pacis,   mi.
Jesu auctor vitæ,   mi.
Jesu exemplar virtutum,   mi.
Jesu zelator animarum, miserere
nobis.
Jesu Deus noster,   mi.
Jesu refugium nostrum,   mi.
Jesu Pater pauperum,   mi.
Jesu thesaurus fidelium,   mi.
Jesu bone Pastor,   mi.
Jesu lux vera,   mi.
Jesu sapientia æterna,   mi.
Jesu bonitas infinita,   mi.
Jesu via et vita nostra,   mi.
Jesu gaudium Angelorum, mise
rere nobis.
Jesu magister Apostolorum,   mi.

DV MATIN.

Jesu Doctor Euangelistarum, miserere nobis.

Jesu Fortitudo Martyrum, miserere nobis.

Jesu lumen Confessorum, miserere nobis.

Jesu puritas Virginum, mi.

Jesu corona Sanctorum omnium, miserere nobis.

Propitius esto, Parce nobis Jesu.

Propitius esto, Exaudi nos Jesu.

Ab omni peccato, libera nos Jesu.

Ab ira tua, libera nos Jesu.

Ab insidijs diaboli, libera.

A spiritu fornicationis, libera.

A morte perpetua, libera.

A neglectu inspirationum tuarū.
libera nos Jesu.

Per mysterium sanctæ Incarnati

onis tuæ, libera nos Jesu.

Per Natiuitatem tuam,   libera.

Per infantiam tuam,   libera.

Per labores tuos,   libera.

Per agoniam et Passionem tuâ,
libera nos Jesu.

Per Crucem et derelictionem tuâ,
libera nos Jesu.

Per mortem et sepulturam tuam,
libera nos Jesu.

Per resurrectionem tuam,   libera

Per Ascentionem tuam,   libera

Per gaudia tua,   libera.

Per gloriam tuam.   libera.

Agnus Dei, qui tollis peccata mundi, Parce nobis Jesu.

Agnus Dei, qui tollis peccata mundi, Exaudi nos Jesu.

Agnus Dei, qui tollis peccata mundi,

miserere nobis.

℣. Sit nomen Domini benedictum.

℞. Et hoc nunc et vsque in sæculum.

Oremus.

Omine Jesu Christe, qui dixisti, Petite, et accipietis; quærite, et inueni‑etis; pulsate et aperietur vobis; da quæsumus nobis peten‑tibus diuinissimi amoris tui effec‑tum, vt te toto corde, ore et opere diligamus, et a tua numquam lau‑de cessemus

umanitatis tuæ ipsa di‑uinitate vnctæ, Domine Jesu Christe, timorem pariter et amorem fac nos habere perpetuum, quia num‑quam tua gubernatione destituis.

PRIERES

quos in soliditate tuæ dilectionis
instituis, Qui cum Patre et Spiritu sancto viuis et regnas Deus,
per omnia sæcula sæculorum.
Amen.

LES
PRIERES
DV
SOIR

PRIERES

DV SOIR.

In nomine Patris, et Filij, et Spiritus sancti
Amen.

Venez Esprit saint, venez remplir les . Et
le reste comme cy deuant aux prieres du
matin .

ON Dieu mon Sau
ueur je me pros-
terne a vos pieds
sacrez non seule-
ment pour vous
remercier aussi
humblement que
je puis de m'auoir conserue pendât

DV MATIN

cette journeé, mais aussi pour
vous prier du plus profond de
mon cœur de me faire la grace que
durant cette nuit je ne donne au -
cune entreé dans mon ame a l'En-
nemy inuisible de nostre salut,
qui ne cherche qu'a nous séduire.
Faites moy resister, o mon doux
Jesus a toutes ses attaques et conseruez moy dans vne entiere pu-
reté jusques au matin, et jusques
au dernier moment de ma vie,
afin que je puisse joüir de vos
biens célestes durant toute l'éternité. Ainsi soit-il

ierge sainte, Mere de mon
Sauueur, Azile inuiolable
des pecheurs, qui auez esté
choisie comme la plus parfaite,

PRIERES

des creatures pour donner nais-
sance a celuy qui est le salut du
monde, Et vous, mon bon Ange,
et tous les Saints, obtenez de Dieu
que je ne peche plus a l'auenir, et
que je le benisse eternellement.

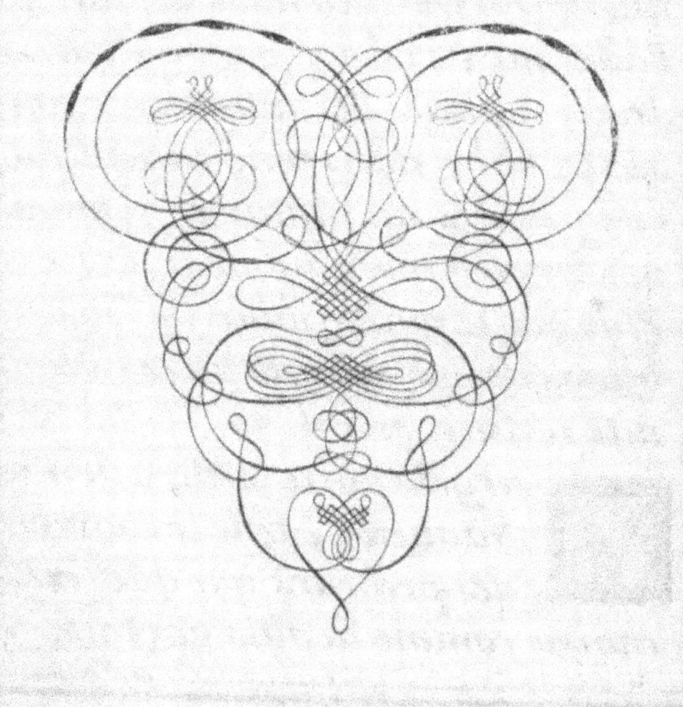

LES LITANIES

DE LA

VIERGE

yrie eleison.
Christe eleison.
Kyrie eleison.
Christe audi
nos. Christe ex
audi nos.
Pater de cœlis

Deus, Miserere nobis.
Fili Redemptor mundi Deus, mi

PRIERES

Spiritus sancte Deus,   mi.
Sancta Trinitas vnus Deus, mi.
Sancta Maria, Ora pro nobis.
Sancta Dei genitrix,   ora.
Sancta Virgo Virginum,   ora.
Mater Christi,
Mater diuinæ gratiæ,
Mater purissima,
Mater castissima,
Mater inuiolata,
Mater intemerata,
Mater amabilis,
Mater admirabilis,
Mater Creatoris,
Mater Saluatoris,
Virgo prudentissima,
Virgo veneranda,
Virgo prædicanda,
Virgo potens,

DU SOIR

Virgo clemens,
Virgo fidelis,
Speculum justitiæ,
Sedes sapientiæ,
Causa nostræ lætitiæ,
Vas spirituale,
Vas honorabile,
Vas insignæ deuotionis,
Rosa mistica,
Turris Dauidica,
Turris eburnea,
Domus aurea,
Fœderis arca,
Janua cœli,
Stella matutina,
Salus infirmorum,
Refugium peccatorum,
Consolatrix afflictorum,
Auxilium Christianorum,

Ora pro nobis.

Regina Angelorum,
Regina Patriarcharum,
Regina Prophetarum,
Regina Apostolorum,
Regina Martyrum,
Regina Confessorum,
Regina Virginum,
Regina Sanctorum omnium,
Agnus Dei qui tollis peccata mundi, Parce nobis Domine.
Agnus Dei qui tollis peccata mũdi, Exaudi nos Domine.
Agnus Dei qui tollis peccata mundi, Miserere nobis.
Christe audi nos.
Christe exaudi nos.
℣. Domine exaudi orationem meam. ℟. Et clamor meus ad te veniat.

DV SOIR

Oremus

EVS ineffabilis mise-
ricordiæ, qui non so-
lum homo, sed etiam
filius hominis fieri
dignatus es, et mulie-
rem matrem in terris habere vo-
luisti, qui Deum Patrem habebas
in cœlis: da nobis, quæsumus, ej.⁹
memoriam deuote celebrare, ejus
maternitatem summe venerari,
ac ejus superexcellentissimæ digni-
tati humillime subesse, quę te de
Spiritu sancto concepit, te Virgo
peperit et te in terris sibi subditũ
habuit Dominum nostrum Jesũ
Christum Filium tuum: qui tecum viuit et regnat in vnitate
Spiritus sancti Deus. Per omnia &c.

L'EVANGILE

DE S. JEAN.

E Verbe estoit au
commencement,
et le Verbe estoit
en Dieu, et le Ver-
be estoit Dieu, et
il estoit de toute
eternité dans Di-
eu. Toutes choses ont ete faites par
luy, et sans luy rien n'a eté fait.

Ce qui a été fait etoit vie en luy, et la vie de la grace etoit la lumiere des hommes, et la lumiere luit dans les ténébres, et les ténébres ne l'ont point comprise;

Il y eut vn homme appellé Jean qui fut enuoyé de Dieu, et qui vint etre témoin pour rendre témoignage a la lumiere; afin que tous crûssent par son moyen.

Il n'etoit pas la lumiere: mais il etoit enuoyé pour rendre témoignage a la lumiere.

Celuy la étoit la vraye lumiere qui illumine tout homme venant dans le monde; il estoit dans le mõde, et le monde a eté fait par luy: et le monde ne l'a point connu.

Il est venu dans son propre heritage, et les siens ne l'ont point re-

ceu; mais il a donné le pouuoir
d'estre faits Enfans de Dieu a
tous ceux qui l'ont receu, et qui
ont creu en son Nom, lesquels
ne sont pas nez du Sang, ny
des desirs de la chair, ny de la
volonté de l'homme, mais de Dieu même (par la regeneration en
la grace de Jesus Christ) ET LE
VERBE A ÉTÉ FAIT CHAIR, et il a
habité parmy nous, et nous auons
veu sa gloire telle que la deuoit
auoir le Fils vnique du Pere, étant
plein de grace et de verité.
℟ Rendons graces a Dieu.

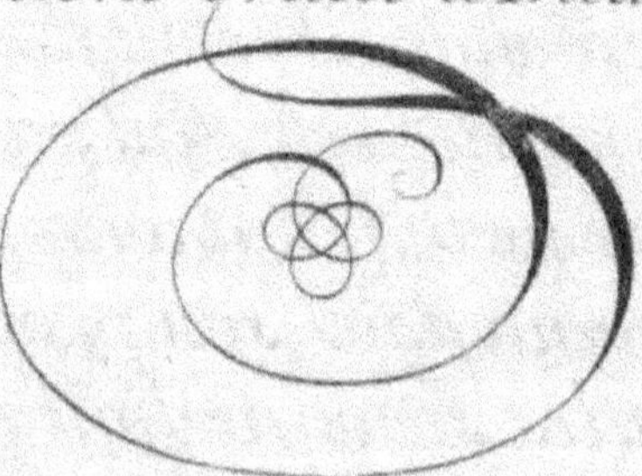

LES DIX

COMMANDEMENS

DE

DIEU

Et ne fais rien d'impur par œu_
ure ou par dessein.
Abstient toy du larcin: & du
faux témoignage.
Ne desire l'argent, la femme, l'he_
ritage,
Ni rien qui soit a ton prochain.

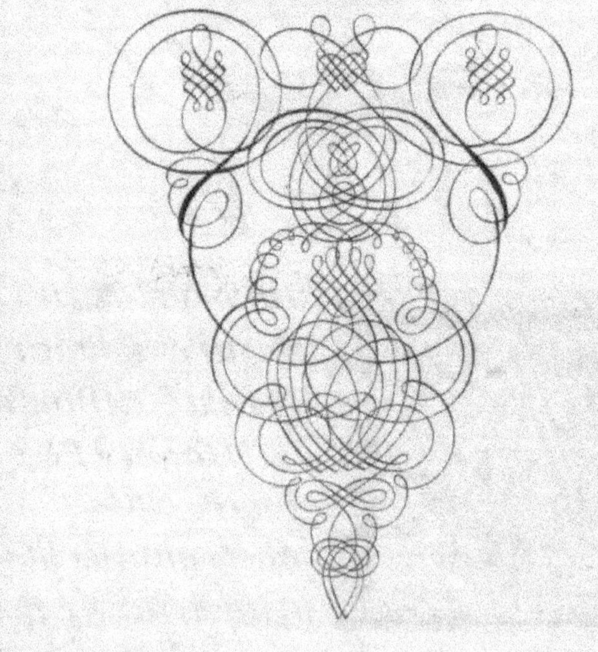

LES Commandemˢ DE L'EGLISE

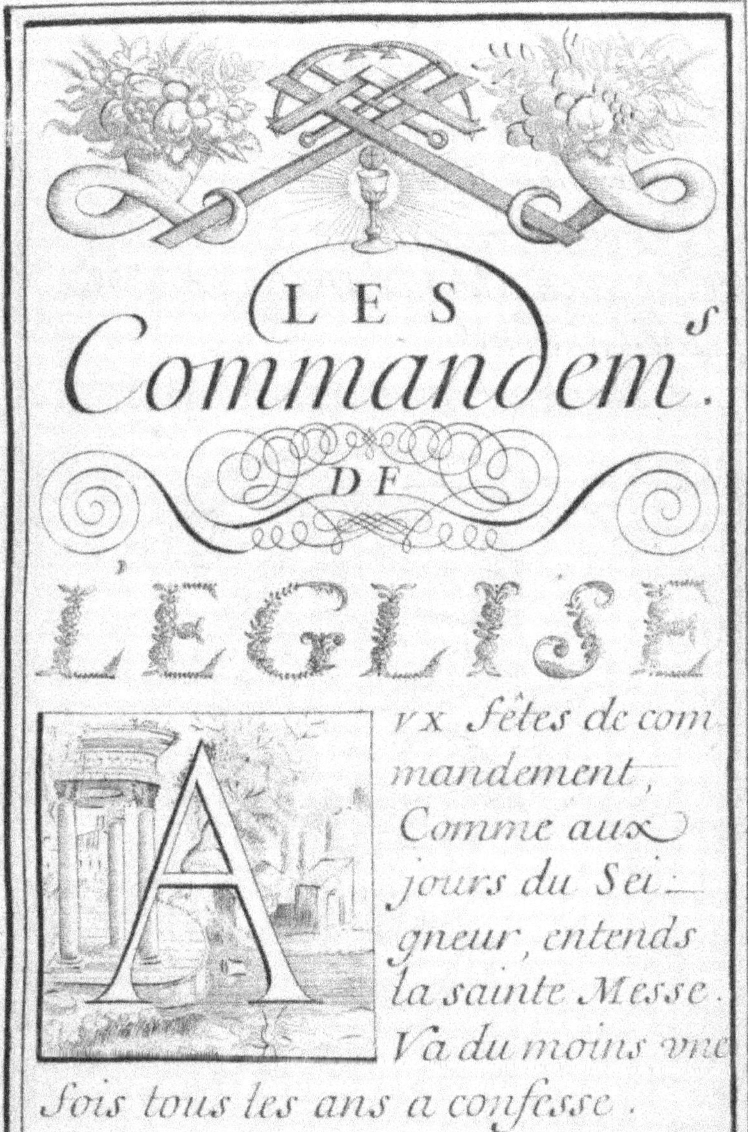

Aux fêtes de com
mandement,
Comme aux
jours du Sei
gneur, entends
la sainte Messe.
Va du moins vne
fois tous les ans a confesse.

Recois au temps Paschal l'au-
guste Sacrement.
Jeûne les quatre-temps, vigiles, et
Carême,
Ne prens le Vendredy, ni le Sa-
medy même,
Nulle chair pour ton aliment.

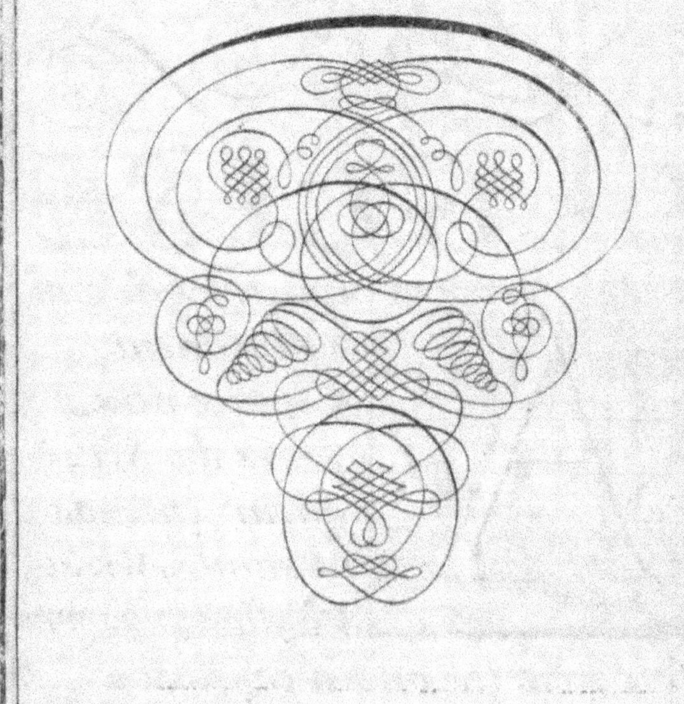

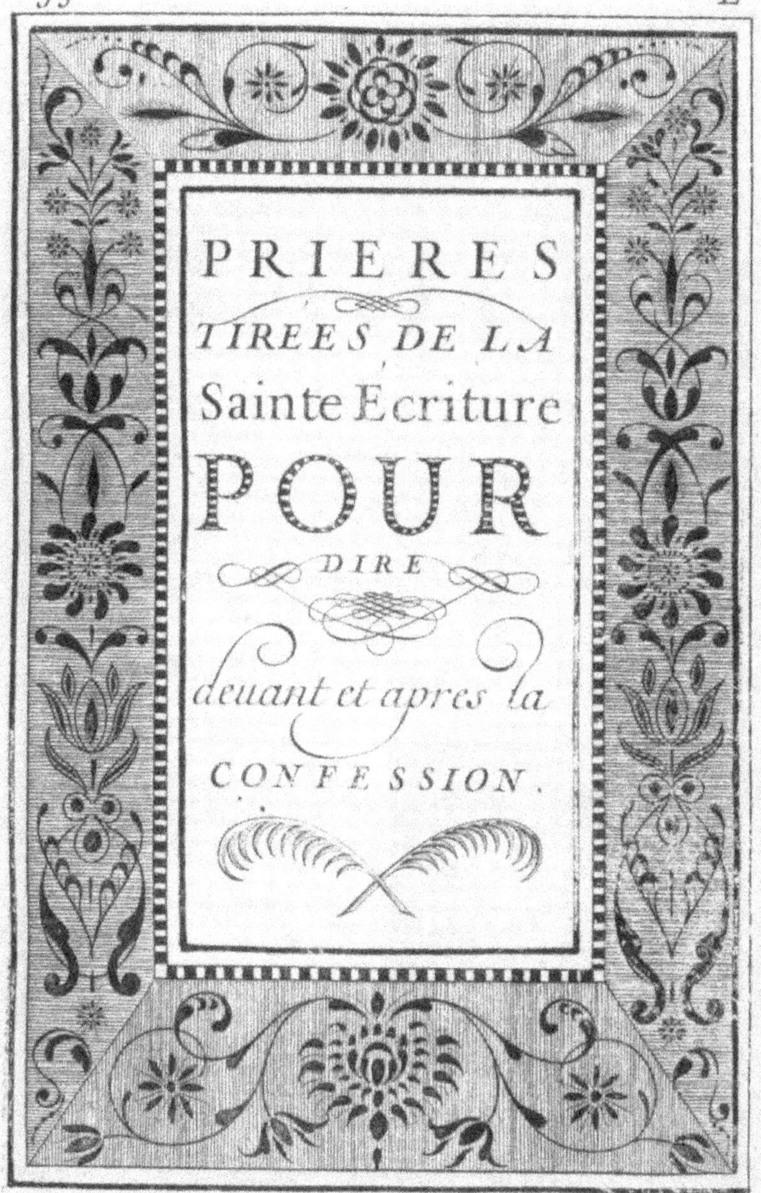
PRIERES
TIREES DE LA
Sainte Écriture
POUR
DIRE
deuant et apres la
CONFESSION.

PRIERES
DEVANT
LA CONFESSION.

'AY peché ô mon Dieu, j'ay peché contre le Ciel, et en vôtre presence.

Mes iniquitez se sont esleuées par dessus ma teste; elles se sont

appesanties sur moy comme vn
fardeau insuportable.

La lumiere de mes yeux s'est
affoiblie.

Mon cœur n'a plus de paix
parceque mon ame est dans la
mort.

Mon crime s'esleue sans cesse
contre moy.

Seigneur ayez pitié de moy
selon vôtre grande misericorde.

Lauez moy, et me purifiez de
mes iniquitez.

Dechargez moy du pesant fardeau de mes pechez.

Seigneur ayez pitié de moy, ne
me traittez pas comme mes ini_
quitez le meritent.

Detournez vos yeux de mes
pechez, car si vous les examinez

a la rigueur, qui est celuy qui pourra soutenir cette re=
cherche .

Ne me reprenez pas dans vô=
tre fureur, et ne me châtiez pas dans vôtre colere .

Mon ame est dans l'affliction et dans le trouble .

Seigneur j'ay offensé vostre bonté, c'est le sujet de ma dou=
leur, et la source féconde des larmes dont j'arroseray mon lit toutes les nuits .

O Dieu de misericorde! vous ne mépriserez pas vn cœur contrit et humilié .

LA CONFESSION

Mes crimes sont grands, il
est vray ; leur malice est extré=
me, leur nombre presque infini ;
mais vôtre misericorde est enco=
re plus grande.

Vous n'auez pas perdu cette bon=
té de pasteur, cette charité de
Médecin, cet amour et cette ten=
dresse de Pere.

Vous estes juste, et redoutable,
mais vous estes patient.

Ainsi je ne perdray pas l'espe=
rance d'obtenir le pardon de mes
fautes.

Ie me leueray, et plein de res =
pect, de confiance et d'amour, je

retourneray a mon pasteur, et je le prieray de me receuoir dans son troupeau.

Ie chercheray mon Medecin, et je luy decouuriray toutes mes playes, et luy en demanderay le remede.

Enfin j'yray a mon Pere, et luy ayant confessé mon peché auec sincerité, je luy diray dans l'a_mertume de mon cœur,

Mon Pere j'ay peché contre le Ciel, et en vôtre presence.

Ie ne suis plus digne d'estre ap_pellé vôtre Fils. traittez moy comme l'vn des seruiteurs qui sont a vos gages.

CONFESSION.

EVREVX sont ceux dont les iniquitez sont remises, & dont les pechez sont pardonnez. Ô que rendray-je a mon Dieu pour toutes les graces qu'il m'a faites.

APRES LA CONFESSION

Seigneur, vous vous estes com=
porté a mon égard comme vn
bon Pere enuers son fils, et non
pas comme vn juge enuers vn
criminel .

Si vous n'auiez eu compassion
de moy, mon ame seroit a l'heu=
re qu'il est dans l'enfer, mais la
droite du Seigneur a fait pa=
roistre sa puissance .

La droite du Seigneur m'a re=
leue. he quoy mon ame, ne seras
tu pas sujette a ton Dieu .

C'est luy qui t'a pardonné tes
pechez .

C'est luy qui a gueri toutes tes
playes .

C'est luy qui t'a retirée des portes

APRES LA CONFESSION

de la mort.

Ah? mon ame seruons le Seigneur, Mais seruons le auec
crainte et tremblement, Car ce
n'est pas dans nos forces que
nous deuons nous confier, si le
Dieu des armées ne garde luy
même sa ville, en vain trauaille
celuy qui veille pour la garder
contre ses ennemis.

C'est donc en vous que je mettray mon esperance, ô mon Dieu
mon liberateur, et mon defenseur,
Auec vôtre secours, je viuray
dans la justice, j'espereray en
vous, et ne seray point confondu.

Si le Seigneur est ma lumiere
et mon salut, qui pouray-je crain-

APRES LA CONFESSION

dre, quand toute vne armeé,
ennemie se camperoit a l'entour
de moy, pour me combattre, mon
cœur ne seroit point ébranlé,
C'est le Seigneur qui m'assiste-
ra, C'est luy qui sera mon liberateur

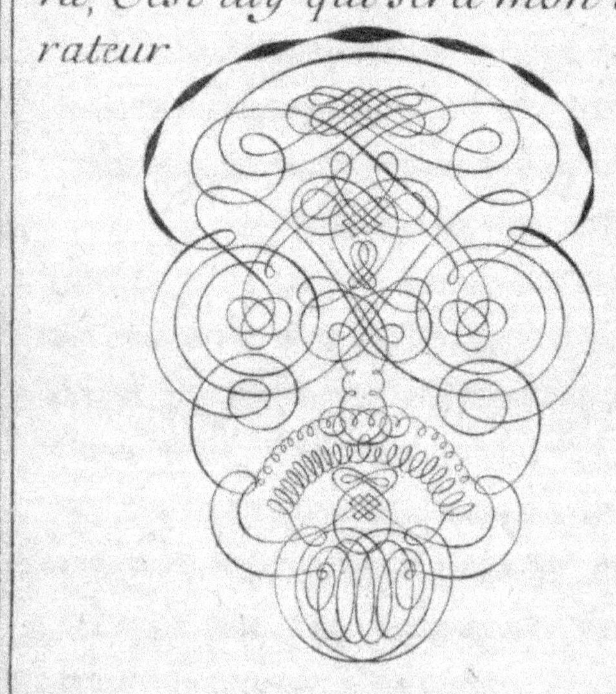

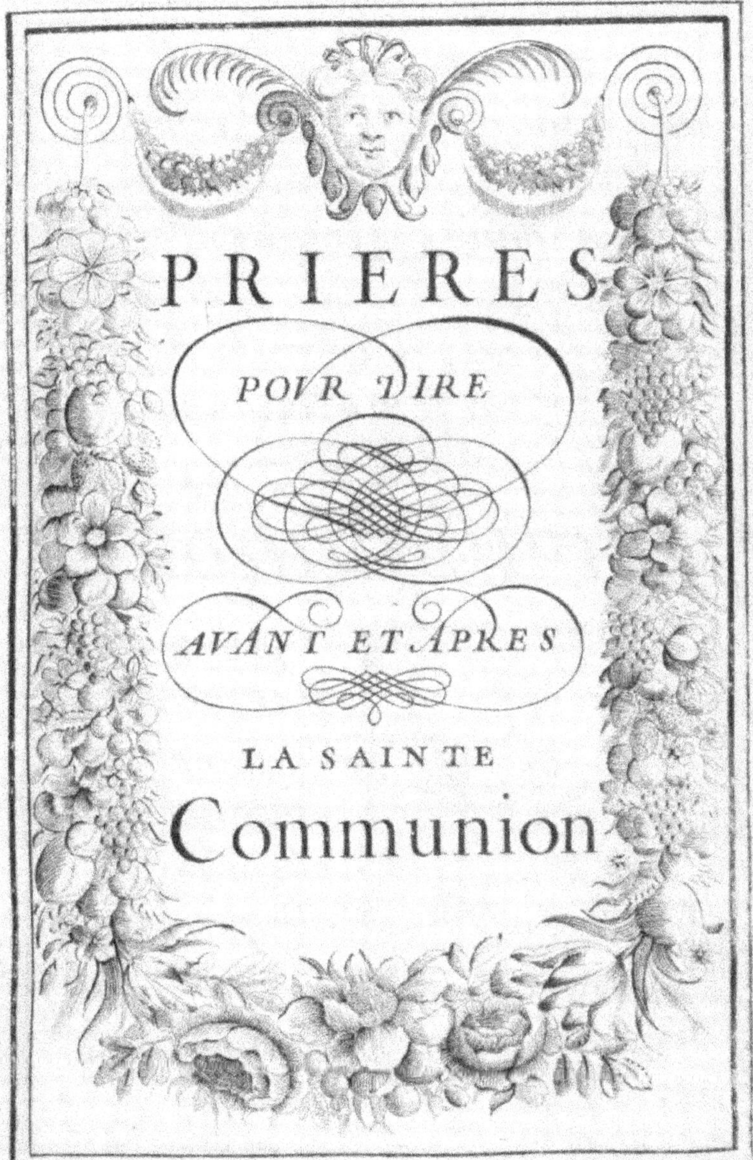

PRIERES
POVR DIRE
AVANT ET APRES
LA SAINTE
Communion

AVANT LA Communion.

EIGNEVR, vous m'inuitez a vô_tre diuin festin, vous me com_mandez mes_me d'y venir, et si je ne le fais, vous me menacez de la mort eternelle.

COMMVNION.

Mais qui suis-je, Seigneur, qui
suis-je, pour oser m'approcher
de vous.

Comment oseray-je approcher
de vous, moy qui ne suis que
cendre et que poussiere, moy,
que mes pechez ont rendu si sou-
uent indigne d'vn si grand honneur.

Les Anges vous reuerent, les
Saints et les justes tremblent en
vostre presence, et vous m'inuitez a m'approcher de vous.

Je m'en approche donc, Diuin
Sauueur, puisque vous me le
commandez.

Ie m'en approche, puisque c'est
pour les pauures, et pour les

infirmes que vous auez prepare' ce grand Festin, dans l'excés de vostre amour.

Je m'approche de vous dans la simplicité de mon cœur auec vne foy viue et ferme, auec vn tres profond respect, auec vne humilité sincére, auec vne charité tres ardente, et auec vne intention droite, et tres pure.

Je croy que vous estes dans vôtre Sacrement comme Dieu et homme, j'espere que ce Sacrement fera croistre la vertu que vous venez de faire renaistre dans mon ame, qu'il affermira ma foy, qu'il fortifiera mon esperance, et qu'il allumera de plus en

COMMVNION.

plus dans mon cœur, le feu de vôtre amour.

Mon ame brusle du desir de receuoir vôtre Saint Corps, & mon cœur est dans l'impatience d'estre vni a vous pour jamais.

Quand seray-je assez heureux ô mon Jesus, pour vous posseder.

Seigneur excitez vôtre puissance et venez dans moy pour me sanctifier.

Mais pour me préparer a vous receuoir, Créez dans moy vn cœur pur et net ; Renouuellez dans moy vn esprit droit et sincere.

C'est chez vous qu'on trouue la source de la vie ; C'est a cette

AVANT LA COMMVNIŌ.

source de graces que je cours
auec ardeur comme le Cerf
alteré court aux fontaines
des eaües viues.

Vous estes le pain de vie, nou-
rissez moy, de peur que je ne
tombe en foiblesse.

Ie suis le dernier de vos seruiteurs, aussi ne vous demande-
ray-je que la derniere place, a la
table de vôtre festin.

DANS LE TEMPS

Communier

ENEZ, Venez, mon bien aymé, entrez chez moy, faites vo.⁹ vne demeure digne de vous. Ô quel bonheur que Monseigneur et mon Dieu vienne dans moy.

Ie croy en vous, mon Diuin Sauueur, j'espere en vous, je vous ayme de tout mon cœur.

Ô mon ame! que le Seigneur qui te visite est grand :

Ô mon Iesus, vray Dieu et vray homme, Iesus les delices de mon ame, possedez mon cœur, possedez le seul, possedez le tout entier.

Souffrez que prosterné deuant vous, je vous rende hommage, comme a mon souuerain Seigneur, & vous adore comme mon Dieu.

Que toutes les Creatures se taisent en presence du Createur de toutes choses.

QV'ON VA COMMVNIER.

C'est luy seul que je veux desormais écouter ; je ne veux plus viure n'y agir que pour luy.

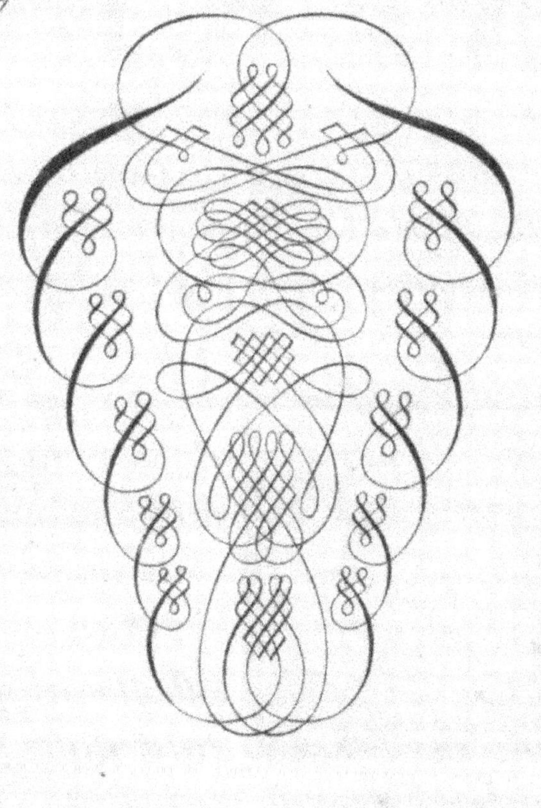

QV'ON VA COMMVNIER.

APRES

LA

communio.

IESVS, que la douceur que vous auez cachée dans vôtre Sacrement est grande po.^r ceux qui s'approchent de vous auec vne crain te respectueuse.

O que vôtre bonté est extréme
Seigneur, puisque pour témoi_
gner la tendresse de l'amour que
vous portez a vos enfans, vous
daignes bien les nourrir d'vn pain
descendu du Ciel, et rempli de de_
lices ineffables.

Qui a til pour moy dans le Ciel,
qui a til sur la terre que je puisse
desirer, ayant le bien de vous
posseder.

Dans vous je trouue tout ce que
je puis, et tout ceque je dois de_
sirer.

Vous estes mon Salut et ma Re_
demption.

Vous estes mon esperance et ma

force.

Vous estes ma consolation et ma joye.

Vous estes mon honneur et ma gloire.

Vous m'aués tout donné, en me donnant tout ceque vous estes.

Ô grace incomprehensible! ô faueur admirable, amour sans bornes, et sans mesure.

Que vous rendray-je Seigneur, pour vn si grand bien-fait, et po.^r vne marque si extraordinaire de vôtre amour.

Qui a t'il dans l'vniuers que je vous pûsse offrir, les Cieux et la terre sont a vous.

Que vous rendray-je donc pour

tous les biens que vous m'auez
faits.

Ie ne puis vous offrir que mon
cœur, mon ame, et tout ce que je
suis? Mais qu'est-ce que cela,
Mon Dieu.

Ie ne trouue rien qui soit digne
de vous, et qui égale vos bien
faits que vous mesme; vous
vous estes donné a moy, je vous
rends donc vous mesme a vous
mesme, Seigneur.

Mon Jesus, vous estes dans moy,
demeurez y pour me sanctifier.

Mon Jesus! vnissez mon cœur
si étroitement a vous que jamais
quoy que ce soit au monde ne soit
capable de m'en séparer.

APRÈS LA

Mon bon-heur est de demeurer attaché a vous, et de mettre en vo⁹ toute mon esperance.

Accordez moy cette grace, mon Dieu, que je ne goute jamais aucune douceur qu'en vous, et que je ne trouve jamais que de l'amertume dans toutes les delices de la terre.

En vn mot que je vous ayme et que je n'ayme que vous.

Vous estes mon Dieu vn feu ardant, qui bruslez tout et qui consumez tout.

Ô mon Jesus, consumez par le feu de vôtre charité tous les miserables restes du peché qui sont en moy.

COMMVNION.

Regnez, seul dans mon cœur, que toutes les puissances de mon ame, vous rendent vne obeissance exacte et fidelle.

Faites moy connoistre vôtre sainte volonté, et me faites la grace de l'accomplir en toutes choses.

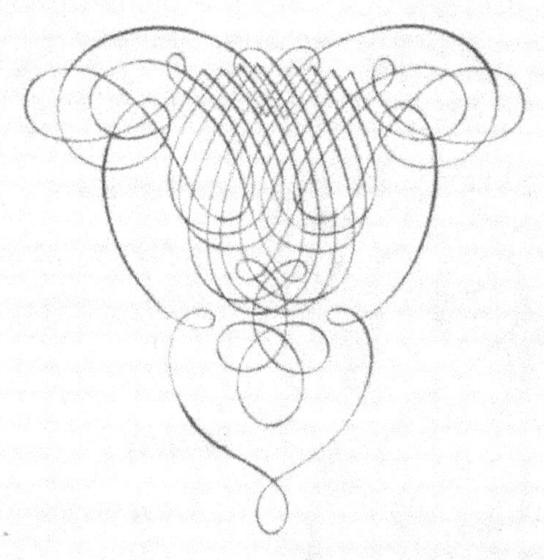

LES LITANIES
DV TRES SAINT

SACREMENT

EIGNEVR ayez pitié de nous, Iesus Christ ayez pitié de nous, Seigneur ayez pitié de nous, Iesus Christ écoutez nous,

Iesus Christ exaucez nous,
Pere Céleste qui estes Dieu, ayez
pitié de nous.
Fils Rédempteur du Monde qui
estes Dieu, ayez pitié de nous.
Saint Esprit qui estes Dieu, ayez
pitié de nous.
Sainte Trinité vn seul Dieu, ayez
pitié de nous.
Pain viuant qui estes descendu
du Ciel pour nostre salut,   ayez.
Pain tres excellent vraye vie des
Ames,   ayez.
Dieu caché qui estes le Sauueur
des hommes,   ayez.
Salutaire Froment des esleus,
Vin céleste qui produisez les Vierges,
Sacrifice continuel, et le plus saint
de tous les Sacrifices,   ayez.

LES LITANIES

Offrande tres pure,   ayez.
Agneau sans tache immolé
pour nous sur la Croix, ayez
pitié de nous .
Vnique tresor des graces,
Abisme de tous biens,
Table abondante en mets celestes,
Manne cachée,
Verbe fait chair qui estes venu
habiter parmi nous,
Hostie sainte,
Calice de benediction,
Mistere de foy,
Saint et venerable Sacrement,
Antidote qui preseruez du peché,
Prix infini en satisfaction pour
les viuants et pour les morts,
Merueille des merueilles du Verbe

DV S. SACREMENT.

eternel,   ayez.
Don surpassant tous les dons
Sacrée commemoration de la
passion du Seigneur,
Tres-saint et tres-auguste Mis-
tere, ayez pitié de nous.
Solide fondement de l'immor-
talité bienheureuse,   ayez.
Affluence des diuines largesses,
Redoutable Juge qui donnez la
mort eternelle a ceux qui voꝰ
recoiuent indignement,   ayez.
Sacrement de pieté,
Lien de charité,
Sacrificateur qui vous offrez
vous mesme en sacrifice, ayez.
Spirituelle douceur goustée en
sa propre source,   ayez.

LES LITANIES

Viatique de ceux qui meurent
au Seigneur,   ayez.
Pretieux gage de la gloire future,
  Seigneur soyez nous propice et
pardonnez nous nos pechez.
Seigneur soyez nous favorable
et exaucez nos prieres.
  De l'indigne réception de votre
Corps et de vostre Sang deliurez
nous Seigneur.
  De toute affection desordonnée
deliurez nous Seigneur.
De la conuoitise des yeux,   del.
De la superbe de la vie,   del.
De toute impureté de Corps et
d'Esprit,   del.
De toute occasion de peché   del.
Par l'extréme desir que vous eus-
tes de manger cette Pasque auec

vos disciples,   *del.*

Par cette profonde humilité qui
vous fit lauer leurs pieds auant
que de les admettre a ce sacré
festin,   *del.*

Par l'ardente charité qui vous
fit instituer ce diuin Sacrement,

Par vôtre Corps et votre Sang
pretieux que vous nous donnez
a l'Autel sous les espéces du pain
et du vin,   *del.*

Pauures et miserables pecheurs
que nous sommes, écoutez nous
s'il vous plaist.

Afin que vous daigniez augmen-
ter et conseruer en nous la Foy, la
reuerence, et la deuotion enuers ce
tres auguste Sacrement,   *écoutez.*

LES LITANIES

Afin-qu'il vous plaise par vne
veritable confession de nos pechez,
nous disposer au frequent vsage
de l'Eucharistie,   écoutez,
Afin-que vous empeschiez la pro-
fanation des autels et des Eglises,
Afin-que vous ayez agreable de
nous garentir de toute heresie,
de tout doute, et de l'aueuglement
de cœur,   écoutez,
Afin-que vous trouuiez bon
de nous departir les pretieux
fruits de cette table sacrée,
Afin qu'a l'heure de la mort vo
permettiez que nous soyons mu-
nis de ce saint viatique, écoutez,
Afin-que par sa vertu nous puis-
sions arriuer a nôre celeste patrie,

LITANIES DV S.T SACREMENT

pour y chanter éternellement vos loüanges.

Agneau de Dieu qui vous estes chargé des pechez du monde, par=donnez nous Seigneur.

Agneau de Dieu qui ostez les pe=chez du monde exaucez nous Sei=gneur. Agneau de Dieu qui effacez les pechez du monde, ayez pitié de nous Seigneur.

Christ écoutez nous. Christ exau=cez nous, Et donnes nous le repos éternel auec ceux qui sont morts en la digne participation de vos sacrez misteres. Ainsi soit il.

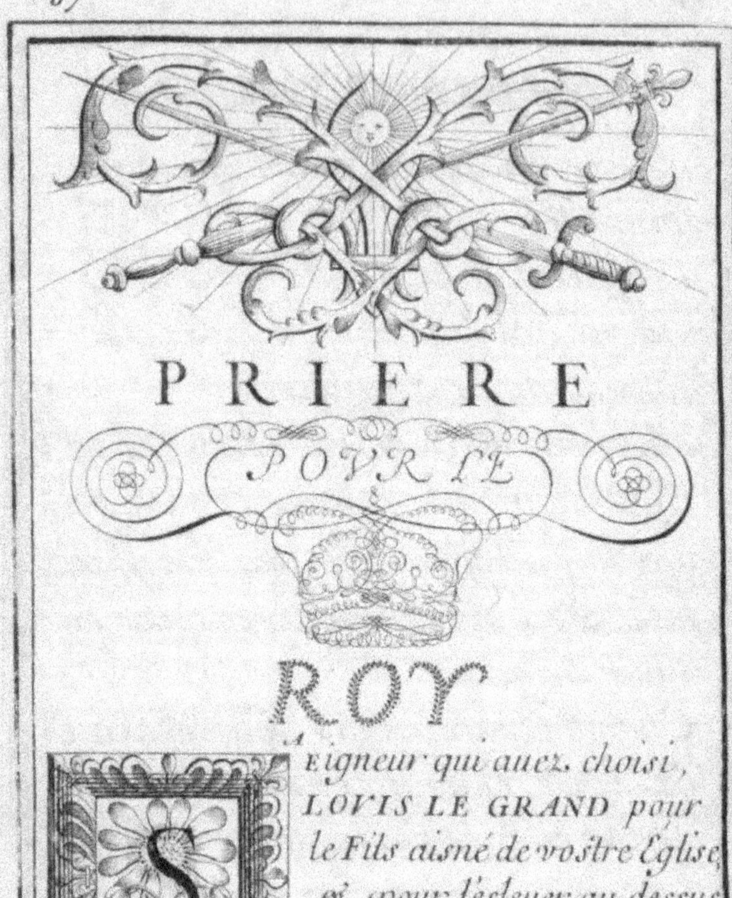

PRIERE
POVR LE
ROY

Seigneur qui auez choisi, LOVIS LE GRAND pour le Fils aisné de vostre Eglise, & pour l'esleuer au dessus de toutes les puissances du monde, Faites que la Clemence et la verité soient touiours ses guides fidelles. Ne permettez pas que son Empire soit renfermé par les deux mers, Estendez le plus

tost jusque aux extremitez de la Terre, afin
que tous les Rois vous adorent, que toutes les
Nations se soumettent a vos diuines loix,
[C] Et que tout l'Vniuers chante des airs sacrez a
vostre nom saint. [D] Et puis que vous auez
couuert de confusion tous ses Ennemis, [E] Faites
fleurir continuellement la justice sous son
Regne auec l'abondance qui aporte vne longue
et heureuse paix. [F] Adjoutez journées sur jour
nées a la vie de ce grand Monarque jusques a ce
que ses années ayent rempli plusieurs âges.
[G] Et Faites Seigneur que les Enfans de ses Enfans
soient assis sur son Throsne jusqu'a la consommation des siecles, [H] Pendant que vous le
remplirez dans le Ciel des biens inefables dont
on joüit en vostre presence. Ainsi soit il

Des Pseaumes [A] 88. [B] 71. [C] 65. [D] 131. [E] 71. [F] 60. [G] 131. [H] 35.

PRIERE

POVR MONSEIGNEVR

[A] Mon Dieu, Donnez au Fils du Roy,
nostre Dauphin, l'amour de la justice, afin qu'il guarentisse de l'oppres-
sion les enfans des pauures et des foibles, et

quil chastie le calomniateur. [B] Enuoyez luj
vostre secours du plus haut des Cieux vostre Sanctuaire, [C] Et faites luj gouster vn
jour les delices eternelles a la veüe de vôtre visage . Ainsi soit il
Des Pseau. [A] 71. [B] 20. [C] 15

PRIERE

POVR MADAME LA DAVPHINE

Ieu de nos Peres, accordez vostre
grace a Marie Anne Christine
Victoire de Bauierre nôtre Dauphi-
ne, et fortifiez pour vôtre seruice
tous les bons desirs de son Cœur, afin que
la France recoiue par Elle vne nouuelle gloire,
et que son Nom soit vn jour écrit dans le liure
des Justes et des Saints . Ainsi soit il .
De Judith. 10 .

ÉLEVATIONS
DVRANT
LA S.ᵀᵉ MESSE

EXPLICATION
des ornemens

DV PRESTRE

A L'AVTEL.

ES sacrifices de
l'ancienne loy
n'ayant esté
que la figure
du sacrifice que
Iesus-Christ
Dieu et homme
offrit de son corps et de son sang

sur la Croix a son Pere éternel
en satisfaction des pechez, des
hommes. La Messe nous en re-
nouuelle la mémoire, Et ce diuin
Sauueur qui a voulu estre réelle-
ment present a son Eglise jus —
qu'a la consommation des siécles
ainsi qu'il nous l'a assuré luy
mesme, change sur nos Autels
par le ministére des Prestres le
pain et le vin en la substance
de son Corps et de son sang pretieux.

La Tonsure du Prestre signi-
fie la Couronne d'Espines qu'on
mit sur la teste de Iesus Christ.

l'Amit représente le linge dont
on luy banda les yeux.

l'Aube représente la robe blanche

dont Herodes le fit reuestir
par moquerie.

La Ceinture, le Manipule, et
l'Estole sont au lieu des cordes
dont il fut lié.

La Chasuble represente le
Manteau de pourpre.

La Croix qui est marquée sur la
Chasuble est pour nous faire souuenir de la Croix qu'il porta
sur ses épaules, et sur laquelle il
fut attaché.

La Paténe et le Calice represen-
tent le tombeau ou l'on mit son
saint Corps.

Le Corporal marque le Drap
dont il fut enuelopé pour l'en-
seuelir.

Explication
des principales céremonies

DE LA GRANDE MESSE.

E GLISE nous con-
uie par l'eau be=
niste à pleurer nos
pechez, qui n'aur-
oient jamais esté
lauez, si Iesus-Ch.
n'eust répendu son
sang pour nous en meriter la grace.
L a Procession nous auertit que
nous ne sommes que Pelerins sur la

terre, et qu'il nous faut auan_
cer de vertu en vertu pour arri_
uer enfin au Ciel nostre veritable
Patrie.

La Croix qu'on porte a la Pro_
cession et qu'on met sur les Au_
tels et en plusieurs autres end_
roits de l'Eglise, nous aprend
qu'il faut auoir toûjours en veüe
Iesus-Christ crucifié pour l'imi_
ter en toutes nos actions.

Par l'Encens nous honorons la
Diuinité.

Les Cierges qu'on allume no.
doiuent estre vn signe que sans
les lumieres de la Foy, et le feu
de la charité, nous ne pouuions
rien prétendre a la grace des S.ts
Misteres, ni a la gloire du Paradis

Le Prosne sert a nous instruire des points de nostre créance, et de nos deuoirs enuers Dieu, en‑uers le prochain, et enuers nous mesmes.

Le Pain beny marque que comme enfans d'vn mesme Pere céleste, nous deuons estre tous nourris du Corps de Iesus Christ dans le sein de l'Église qui nous le distri‑büe comme vne Mere charita‑ble.

Dans les premiers siécles de l'Église, les chretiens se donnoient le baiser de paix auant la Com‑munion pour témoigner leur cha‑rité mutuelle. les Ecclesiastiques conseruent cette céremonie, et l'on donne la paix aux autres fidelles.

L'Offertoire est pour receuoir les
dons des Chrestiens, antiennem.ᵗ
on offroit le pain et le vin qui de-
uoient seruir au sacrifice, et on
offre maintenant le Pain pour estre beny et distribué aux assistans.

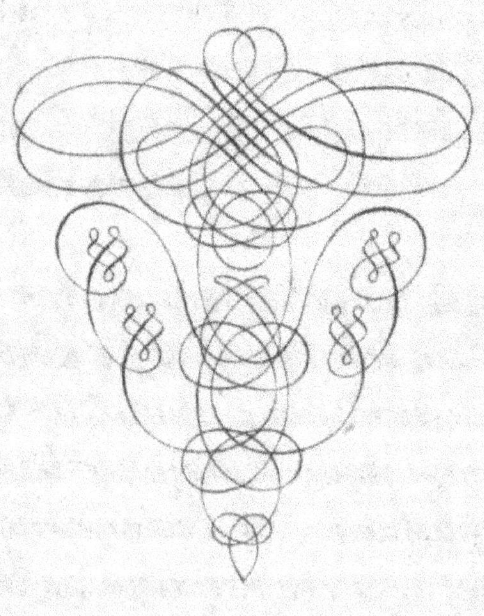

ÉLEVATIONS

DVRANT

LA SAINTE MESSE.

Le Prestre estant au bas de l'Autel.

mon Dieu! puis-
que le peché de
nostre premier
Pere nous a chas-
sez du Paradis,
et que les nostres
nous en éloigne.t
toujours dauantage. Enuoyez vôtre saint Esprit dans nous, afin

ELEVATIONS

que nous donnant sa grace,
nous aprochions vtilement de
vos Autels, et que nous nous
rendions dignes d'arriuer vn
jour a nostre celeste Patrie.

Au Confiteor.

Puisque vous aues promis de
pardonner les pechez a ceux qui
en feront vne penitence sincere,
disposez moy Seigneur a satisfai-
re vostre justice particulierem.^t
par la patience dans les maux et
les afflictions qu'il vous plaira
m'enuoyer.

Quand le Prestre baise l'Autel.

Mon Dieu que vostre bonté est
grande de vouloir bien m'admettre au baiser de paix auec vous.
ne permettez donc jamais que je

rompe cette paix bienheureuse, et
faites que je l'aquiere et la con_
serue touiours a l'exemple des
Saints dont les Reliques sont pla_
cées & honnorées dans cet Autel.

A l'Introit.

Verbe diuin qui vous estes re_
uestu de nostre nature pour ope_
rer nostre salut, faites moy en
trer et perseuerer constamment
dans le chemin que vous auez en_
seigné pour vous suiure.

Kyrie eleison.

I'auoüe ô mon Dieu mon Sau_
ueur que je ne merite pas que vo.^{9}
m'accordiez la remission de mes
pechez, et que je ne l'attend que de
votre misericorde infinie, Je vous
la demande donc, o mon Jesus, et

ELEVATIONS.

vous la demanderay jusques a
ce que je l'obtienne.

Gloria in excelsis Deo.

Que tout vous loüe, que tout vo?
glorifie dans le Ciel et sur la Terre, ô Pere eternel nostre Createur,
ô Verbe diuin Iesus-Christ nostre
Redempteur, ô saint Esprit nostre
Sanctificateur, ô ineffable Trinité
vn seul Dieu, remplissez de vos
dons célestes les cœurs de vos fidéles, et accomplissez leurs saints
desirs.

Dominus vobiscum.

Soyez touiours auec nous, Seigneur pour nous guarentir du pé-
ché, afinque par vostre grace, nous
fassions des œuures qui vous soié
agreables.

Aux premieres oraisons.

S'ije ne puis pas inceßamment vo?
prier de bouche, ni auoir vne con-
tinuelle attention a vous, ô mon Dieu, je ne laisse pas de vous offrir
toutes mes pensées, toutes mes paroles, et toutes mes actions, afin
qu'il n'y ait rien en moy qu'il ne vo?
soit consacré.

A l'Epistre.

Faites ô Pere tout puissant que les
Chrestiens profitent mieux que les
Juifs n'ont fait des saintes instruc-
tions répenduës dans les liures sacrez.

Au Graduel.

Remplissez nous de vostre grace, afinque nous auancions de vertu en vertu, et que par vne sainte

emulation, nous tachions de nous
deuancer les vns les autres dans
la voye du Ciel.

A l'Euangile.

Ie suis tout prest, doux Iesus! de
deffendre, au peril de ma vie, les vé-
ritez de vôtre saint Euangile. Faites donc, ô mon diuin Maistre, que
vôtre sainte parole passe de mes
oreilles jusques dans mon cœur po'
me faire pratiquer ce qu'elle m'or-
donne.

Credo.

Ie croy en trois Personnes diuines
en vne seule Essence infinie, et j'espere que par la grace du s.t Esprit
je profiteray de la redemption que
le verbe eternel m'a acquise en se
faisant homme dans le tres chaste

sein de la sainte Vierge Marie,
pour mourir sur vne Croix, pour
sauuer ceux qui se seront rendus
dignes Enfans de l'Eglise son épou-
se, et pour nous rendre participans
de sa resurrection, et de sa gloire
éternelle.

A l'Offertoire.

Ô Dieu tout puissant et tout bon,
puisque vous agréez l'offrande
que le Prestre vous fait du pain et
du vin qui doiuent estre changez
dans ce sacrifice non sanglant au
Corps et au sang pretieux de vôtre
Fils vnique nostre Seigneur, ne des-
daignez pas en mesme temps d'ac-
cepter mon cœur et tout ceque je suis
pour m'vnir inseparablement a
vous, apres auoir fait en moy cet

admirable changement que d'Enfant de colére et de malediction, je deuienne vn des membres mistiq.s de mon adorable Sauueur.

A la Benediction des dons offerts.

Que la benediction que les saintes paroles attirent sur ces dons sacrez, passent jusques a nous et nous remplisse des biens célestes.

Le Preſtre lauant le bout des doits.

Seigneur, purifiez si bien mon cœur, que vous me rendiez dignes de participer au sacré banquet que vous auez, préparé pour les ames pures.

Orate Fratres.

Que la mémoire de vôtre mort, et de votre resurrection, Mon doux

DVRANT LA MESSE.

Jesus, m'apprenne a mourir au peché pour ressusciter a la grace.

Aux oraisons secretes.

Par l'Agonie mortelle que vous souffristes dans le jardin des Oliuiers, Sauueur du monde! deliurés nous des peines de cette vie presente et des suplices éternels que nous auons meritez.

Sursum corda.

Détournez nos yeux, et arrachez nos cœurs des objets perissables pour les esleuer a vous, Seigneur, qui auez choisi le Ciel pour y manifester vostre gloire a tous vos Saints.

Sanctus.

O mon Dieu, Saint en vous mesme, Saint en vos ouurages et Saint

ÉLÉVATIONS

en exerçant vostre justice et vôtre
misericorde. Soyez beni éternellem.^t
de tout l'Vniuers que vous remplis-
sez de vôtre gloire.

Benedictus qui venis.

Redempteur adorable qui estes
descendu des Cieux au nom de votre Pere éternel soyez beni et ayez
pitié de nous en nous sauuant.

Le Prestre faisant memoi-
re des vivants.

Receuez ce Sacrifice sans tache,
Jesus, Fils du Dieu viuant pour la
conseruation et l'augmentation
de vostre sainte Église, Pour son
Chef visible, et tous les Pasteurs
qui la gouuernent. Pour le Roy,
Pour tous les Princes chrestiens,
Pour le reste des Fidelles, et po.^r moy
vostre seruiteur, quoy que je sois

plus indigne que nul autre de receuoir vos biens-faits.

Le Prestre tenant les mains
sur l'Hostie et sur le Calice.

O Victime innocente qui vâ estre
immolée pour nous sur nos Autels par vn sacrifice non sanglât,
prenez de nouueau sur vous tous
mes péchez, et offrez vous encore
a Dieu vôtre Pere pour satisfaire
a sa justice, et pour m'en obtenir
le pardon.

A la Consecration.

Qu'est-ce que je vois des yeux de
la foy ? n'est ce pas vous, ô mon
doux Saunueur, qui non content
d'estre descendu autrefois du Ciel
pour nostre salut, auez encores la
bonté de vous rendre tous les jours
present sous les especes du pain et

du vin pour seruir de nouriture
a nos ames.

A l'élévation de l'Hostie.

Ie vous adore donc, ô mon vnique
Redempteur, et vous crois aussi
adorable dans cet admirable Sa_
crement que vous l'estes dans le
sein et a la droite de vostre Pere
celeste.

A l'élévation du Calice.

Sang pretieux, qui auez esté re_
pendu en satisfaction de nos pe_
chez, ne permettez plus que je vous
prophane, mais lauez et purifiez
mon ame pour toûjours.

L e Prestre faisant memoire
des morts.

Souuenez vous ô Dieu de misericorde, des peines des ames du Purgatoi-
re, et abregez le temps de leurs souf-

frances, afin qu'elles vous loüent
bientost dans le Ciel en la compa_
gnie des Anges et des Saints .

Nobis quoq3 Peccatorib ?

Faites nous vne pareille grace ,
mon Dieu, lors que le temps de nô_
tre banniſſement sera finy .

Per quem omnia .

Nous attendons ce bonheur de vô_
tre bonté infinie, apuyez sur le
merite de ce Fils bien aymé, par
qui vous auez fait, et faites toutes
choses, et qui nous a merité mille
et mille fois plus que nous ne vous
sçaurions demander .

Pater noster .

Vous voulez que nous vous apel_
lions nostre Pere, nous le faisons
donc auec confiance, ô Seigneur de
toutes choses, en glorifiant vôtre

saint nom, car nous sommes vos enfans par la creation et par la conseruation, et encores plus auantageusement par le pain ineffable du Corps de vostre Fils vnique, nôtre Seigneur, que nous vous prions de nous faire receuoir dignem.t Mesurez, o Dieu éternel, vostre pardon a celuy que nous accordons a nos ennemis, et nous ayant fait éuiter les maux de cette vie, et ceux de l'autre, placez nous dans le Ciel pour toute l'éternité.

Le Prestre mettant dans
le Calice vne partie de l'Hostie qu'il a diuisée
en trois.

Par la séparation de vostre ame de vôtre Corps dans vôtre passion, et par leur réunion dans vôtre Re-

surrection, faites, ô mon diuin
Sauueur, que je rompe tout com_
merce auec le monde, et que je m'at_
tache et muniße de nouueau a vo?
auec tant de force, que rien ne
m'en puisse jamais separer.

Agnus Dei.

Agneau sans tache immolé po.^r
nos crimes, ayez pitié de ma foibles_
se a faire le bien, et puisque je ne
sçaurois estre en paix auec moy
mesme si je n'y suis auec vous, ne
me refusez pas cette sainte paix que
je vous demande, ô Agneau céleste,
pour moy, & pour tous les fidéles.

Domine nõ. sum dign.?

Bien loing de me croire digne de
vous reccuoir dans moy je recon_
nois que je ne merite pas que vous
disiez vne seule parole pour deli_

ÉLÉVATIONS

urer mon ame de la mort. Nean _
moins, Seigneur, jettez les yeux
de votre misericorde sur mes be _
soins et sur mon humiliation, & di-
tes cette parole si necessaire a me
donner la vie de la grace.

A la Communion.

Comment se peut il faire, Mon
agreable Sauueur, que vous vueil-
liez entrer dans vne demeure aussi soüillée que je suis, mais puisque
vous y estes forcé par l'amour que
vous auez pour moy, commencez
d'en chasser toute l'ordure du peché,
ornez la de vos dons célestes, et en
fin entrez y pour n'en sortir ja _
mais.

Aux ablutions.

Il ne suffit pas, mon Dieu que vous

ayez chassé de mon Ame tout
ce qui peut vous déplaire, daignez
la remplir de toutes les vertus, et
n'en laissez pas vne dont elle ne
soit reuestüe.

Aux dernieres Oraisons.

Ie vous conjure, diuin Jesus, de per-
mettre que vôtre tres-sainte Mere
et que tous les habitans des Cieux
particulierement Saint, ou Sainte
N. dont nous celebrons la Feste obti-
ennent pour moy de vostre clemence adorable le pardon de mes offen-
ces, et de celles de tous les pécheurs.

A la benedictiõ.

Que vôtre droite, Pere tout-puis=
sant nous benisse éternellement
et nous conduise dans vôtre bienheureux sejour.

Au dernier Evangile.

Hastez, hastez, Seigneur cet heureux temps auquel vous deuez
vnir a vôtre Eglise tous les infi-
dels et les Juifs mesme ses ennemis, afin qu'ayant connu et loüé
tous ensemble vôtre saint nom sur
la terre pendant nostre vie, nous
benissions de concert auec les Anges, et les bienheureux Vôtre diuine Majesté dans le Ciel, durant
toute l'Éternité. Ainsi soit-il

PETIT OFFICE
TE
DE LA TRES S. VIERGE
COMPOSÉ
de Passages de l'É-
criture sainte, des
Hymnes, et des Orai-
sons de l'Eglise.
A MATINES

AMATINES

E vous saluë MARIE, pleine de grace, le Seigneur est auec vous. Vous estes benie par dessus toutes les femmes, et JESVS fruit sacré de vos chastes entrailles est beni. *S.t Luc ch. 1.*

Sainte Marie, mere de Dieu! priez pour nous miserables pecheurs, maintenant, et a l'heure de nostre mort. Ainsi soit-il

Seigneur ouurez mes leures, et ma bouche publiera vos loüanges. *Pseau. 50.*

A MATINES

O Dieu venez a mon secours. Seigneur aidez moy promptem.t Pf. 69.

Gloire soit au Pere, et au Fils, et au saint Esprit.

Et qu'elle soit telle aujourd'huy et toujours, qu'elle a esté au commencement et de toute éternité.

INVITATOIRE

Vne Vierge conceura et enfantera vn Fils qui sera nommé le Fils du tres-haut. Isaya 7. Venez adorons le.

DV PSEAVME 94.

Enez vous resjoüir auec nous au Seigneur, mettons nous en sa presence, confessons son nom saint et chantons des Cantiques a sa gloire. Vne Vierge conceura etc.

Car le Seigneur est le Dieu suprème

A MATINES

et le Roy souuerain esleué au dessus de tous les autres Dieux . Il ne
rejettera point son peuple .

Il tient dans sa main les lieux les
plus reculez de la terre, et les plus
hautes montagnes sont soumises
a son Empire .

Venez adorons le .

La mer luy appartient comme
son ouurage, et ses mains ont for=
mé la terre . Venez donc et adorons
le tous ensemble, prosternons no'
a ses pieds, pleurons nos fautes de
uant le Seigneur qui nous a faits,
parcequ'il est le Seigneur nostre Di=
eu, et que nous sommes son peuple
et les brebis de son troupeau .

Vne Vierge conceura. &c.

Gloire soit au Pere &c.

A MATINES.

Venez adorons le.

HYMNE.

Quem terra, Pontus, Æthera.

E Ciel, la terre, l'Onde, ado=
re, creint, reuere
l'Autheur de tant d'Estres
diuers,
Qui naißant d'vne Vierge Mere
Remplit d'étonnement tout ce vas=
te vniuers.
Le diuin Créateur, le Dieu de la Na=
ture,
Ce Maistre a qui tout est soumis,
Veut qu'vne pure Creature
Le porte dans ses flancs, et l'apelle
son Fils.
Mere de l'homme Dieu, Vierge chas=
te et féconde!
Celuy qui contient dans sa main

A MATINES.

Le Ciel, l'Enfer, la Terre, et l'Onde,
Par vn plus grand prodige, est
enclos dans ton sein :
Fille heureuse! a qui l'Ange an-
nonca ce mystere,
   Sans blesser ta virginité
   Le St Esprit te rendit Mere
Du Verbe qui de toy prit nostre
humanité.
Loüange au doux Sauueur qu'vne
vierge admirable
   A porté dans ses flancs sacrez.
   Honneur a son Pere adorable,
Et gloire a l'Esprit saint trois en vn
adorez.   Ainsi soit il.
Dieu la choisie.

PSEAVME

8. O mon Dieu nostre souuerain Seigneur, que vostre nom est admira-

ble par toute la terre.

Vostre magnificence est esleuée au dessus des Cieux.

Qu'est-ce que l'homme pour estre l'objet de vostre souuenir, et qu'est ce que le fils de l'homme pour dai=gner le visiter vous mesme.

Vous l'auez couronné d'honneur et de gloire, et vous l'auez establi sur tous les ouurages de vos main.

44. Ie vous glorifieray donc, mon Dieu et mon Roy. et je beniray vô=tre nom dans tous les siecles des siecles.

Gloire soit au Pere &c.

PSEAVME

45. DIEV est nostre refuge et nostre force. Il est nostre secours dans les afflictions qui sont venües pour

nous accabler.

C'est pourquoy nous demeure _
rons en assurance quand même
la terre seroit ébranslée et que
les montagnes seroient transpor-
tées au fond de la mer.

Le Seigneur des armées est —
auec nous, le Dieu de Iacob est nô_
tre protecteur.

Enfans de Dieu, offrez luy vn sa_
crifice de loüanges, donnez la gloire a son nom, et adorez le dans son
temple.

Rendez graces au Seigneur parcequ'il est bon, parce qu'il exerce
éternellement sa misericorde.

Gloire soit au Pere, etc.

PSEAVME

O mon Dieu sauuez moy pour

la gloire de vôtre nom, exaucez
mes prieres, et écoutez favorable _
ment les paroles que ma bouche,
profere.

30. Détournez vos yeux de mes
pechez, ne retirez pas de moy vôtre
saint Esprit et rendez moy la joÿe
dont votre grace remplit les ames
justes.

40. Répendez sur moy vos lumieres,
éclairez moy de vostre verité.

85. Conservez mon ame dans l'in
nocence qu'elle a receüe de vous,
puis que vous estes rempli de cle _
mence, et que vous exercez vostre
misericorde enuers ceux qui vous
la demandent. Gloire soit &c.

ANTIENNE

Dieu la choisie préferablement a

tout autre pour en faire vne de=
meure digne de luy. Eccle. 45. Pse. 131.
V. Sacrée Vierge souffrez, que je
publie vos loüanges, R. Et donnez
moy la force de confondre les En=
nemis de vôtre gloire.

ABSOLVTION.

Que le Seigneur nous conduise au
Royaume des Cieux par les meri=
tes de la bien heureuse Marie tou=
jours Vierge l'honneur et la gloire
de tous les Saints. Ainsi soit il.

Leçon, de s. Luc ch. 1.

L'Ange dit a Marie Vierge,
Je vous salüe pleine de
grace, le Seigneur est auec
vous. Vous estes benie par
dessus toutes les femmes. Ne creignez
point, car vous auez trouué grace

deuant Dieu. Vous conceurez dans vos flancs vn fils qui sera appel-té fils du tres-haut, le saint Esprit suruiendra en vous, et le Souue-rain Seigneur vous couurira de son ombre: C'est pourquoy le fruit sacré qui naîtra de vous sera nommé le Fils de Dieu. Il regnera éternel-lement. R. Et vous Seigneur ayez pitié de nous.

V. Le peché n'a point aproché d'Elle, et on ne peut pas mesme l'en soup-çonner. Sag. 7. Dan. 6.

R. Le Seigneur a dit, cette porte sera fermée et ne sera point ouuerte, et nul homme ne paßera jamais par elle, car le Seigneur Dieu d'Israël est entré par cette porte, et en est sorti. Ezech. 44.

Gloire soit au Pere &c.

A MATINES

R. Celle cy nous consolera des œuures penibles de nos mains dans
la terre que Dieu auoit maudite. Gen. 5.

CANTIQVE ATTRIBVÉ

a s.t Ambroise, et a s.t Augustin.

Te Deum laudamus.

GRAND Dieu que nostre
cœur benit, ayme et reuere,
Qui de tous les humains es
le maistre et le Pere !

Nous te reconnoissons Autheur
de l'Vniuers,

Et nous joignons nos voix aux célestes concerts

Des Escadrons nombreux de tes
bienheureux Anges

Pour redire sans ceße en chantant
tes loüanges

Saint, Saint, Saint est celuy de qui

la Majesté,
De la terre et du Ciel remplit
l'jmmensité.
  Tes Apostres choisis, tes glorieux Prophetes,
La foule des Martirs Ces gene-
reux Atletes,
L'Eglise ton Epouse en tout temps,
en tout lieu,
Pere, Fils, saint Esprit te confes-
sent vn Dieu.
  Pour sauuer la Nature ingrate
et criminelle,
Iesus! Verbe diuin, Roy de gloire
immortelle,
Esgal a Dieu le Pere en puissance
en grandeur,
Son seul Fils éternel, et sa viue
splendeur,

A MATINES

Tu ne dédaignas pas, nous aymât
sans mesure,
De te faire homme au sein d'vne
Vierge tres pure.
    Pour nous tirer des fers des Es-
prits tenebreux,
Tu soufris en ta mort mille tour-
mens affreux
Et nous ouurant le Ciel, où depuis
ta victoire
A la droite de Dieu tu regnes plein
de gloire,
Tu dois enfin venir sur les aistes
des vents,
Iuger au dernier jour les morts
et les viuants.
    Fais que tes seruiteurs animez
de ta grace
Puißent te contempler a jamais

A MATINES.

Face a face,
Et qu'estant rachetez par ton
sang pretieux,
Ils soient auec tes saints les habi=
tans des Cieux.

  Sauue ton peuple ô Dieu, benis
ton heritage,
Daigne le proteger, ayme en luy ton
ouurage.
Pour tant de biens receus nous
loüons chaque jour
Ton saint nom, et l'excez de ton di=
uin amour.

  Fais que de cent vertus honno _
rant nostre vie
Plustôt que t'offencer elle nous soit
rauie
Pardonne les pechez que nous
auons commis ;

A MATINES

Traite nous comme Enfans, et non
comme Ennemis.
Garde nous de perir, viens a nostre défence,
Nous mettons en toy seul toute
nostre Esperance.

A LAVDES

DIEV Venez a
mon secours &c.
Gloire soit au
Pere &c.
Toutes les na-
tions .

PSEAVME

134. Serviteurs du Seigneur loüez
le par des airs sacrez, loüez son
saint nom .

Chantez les loüanges du Seign^r
parce quil est bon, loüez le nom
du Seigneur, parce quil est rempli
dvne douceur inefable .

A LAVDES.

116 Parce qu'il a fait éclater sur nous sa misericorde et que la verité de ses promesses demeure éternellement.

58. Pour moy je feray retentir des cantiques a vostre gloire, Seigneur, parce que vous estes ma force, que vous estes mon Dieu et que vous auez exercé enuers moy vostre clemence. Gloire soit au Pere &c.

Ant. toutes les nations de la terre seront benies en vôtre Fils Gen. 22

V. Vne Estoile de la maison de Jacob a paru

R. Et vne Vierge a enfanté le Sauueur du monde. Isa. St Luc.

PETIT CHAPITRE DE JVDITH. 13.

Le Seigneur vous a benie et a reduit par vous nos ennemis dans l'impuissance de nous nuire, il a rendu vôtre nom si célébre que vos louianges seront continuellement dans la bouche des hômes.

℟. Rendons graces a Dieu.

HYMNE.

O Gloriosa Domina.

O Vierge! dont le Throsne
est sur les Astres même
Quel auantage! quel
honneur!
Tes bras portent le Dieu supréme;
Ô prodige! et ton sein nourrit ton
Createur.
Tu repares le tort qu'Eue fit a sa
race.
Eue funeste a ses Enfans.
Tu prepares au Ciel la place
De ceux que du Demon Jesus rend

triomphants .

Peuples et Nations qui deuez, a
Marie ,
Ce cher fils qui vous a sauuez ,
Donnez, pour elle vostre vie ,
Car apres luy c'est elle a qui vous
la deuez .

Doux Jesus que sans cesse on
t'ayme et te réuere ,
Toy qui sur le plus haut des Cieux ,
Auant le temps nay Dieu sans Mere,
Sans Pere dans le temps nais
homme en ces bas lieux .
V. Sa puißance s'establit auec douceur jusques aux extrémitez, de
la terre .
R. Car c'est elle qui enseigne la
céleste doctrine . Sag. 8.

A LAVDES

CANTIQVE

de S.t Zacharie. S. Luc 1.

Benedict. Dominus Deus Israël &c.

VE le Seigneur Dieu d'I-
sraël soit beni d'auoir
visité luy mesme son
peuple pour le racheter.

En suscitant vn Sauueur tout
puissant dans la maison de Dauid
son seruiteur,

Selon la promesse qu'il nous en
auoit faite par la bouche de ses
saints qui ont prophetisé dans les
siécles paßez,

De nous deliurer de nos ennemis et
de la tirannie de tous ceux qui
nous haissent,

Pour exercer sa misericorde auec

A LARDES.

nos Peres se souuenant de sa sainte aliance,
Et des serments quil auoit faits
a nostre Pere Abraham de se dô
ner a nous
Afin questant hors de la puiß an-
ce de nos tirans nous le seruions
sans crainte.
Dans la sainteté et dans la justice nous tenant en sa presence tô.
les jours de nostre vie.
Et vous mon cher fils! vous fe-
rez apellé le prophéte du tres-haut,
parceque vous marcherez de_
uant le Seigneur pour luy pre=
parer ses voyes,
Afin de donner a son peuple la
connoissance du Sauueur quil luy
a enuoyé en remission de ses pechez.

A LAVDES

Par les entrailles de la misericorde
de nostre Dieu qui est venu du ciel
comme vn soleil leuant pour nous
visiter,

Pour éclairer ceux qui sont ense-
uelis dans les tenebres et les om-
bres de la mort, et pour conduire
nos pas dans le chemin de la vie
éternelle.

Gloire soit au Pere. &c.

Ant. Elle est beaucoup plus belle
que le Soleil, elle est esleuée au dessus de tous les Astres, si l'on la com-
pare auec la plus pure lumiere, elle sera
trouuée beaucoup plus éclatante. Sag. 7

V. Seigneur exaucez ma priere.

R. Et souffrez que mes cris pénétrent
jusques à vous. Pf. 101.

ORAISON.

Concede nos

DIEV qui auez voulu que selon la parole de l'An-ge, vôtre Verbe éternel se reuestit de nostre chair dans les chastes entrailles de la biê heureuse Vierge Marie, accordez s'il vous plaist a nos tres humbles prieres, que comme nous croyons qu'elle est veritablement Mere de Dieu, son intercession nous soit fauo-rable aupres de vôtre diuine Majes-té par le mesme Jesus Christ vôtre Fils vnique nostre Seigneur, qui auec vous et le S.t Esprit vit et regne en Trinité de personnes et en vnité d'Essence par tous les siecles des si-ecles. Ainsi soit il.

A PRIME

E vous saluë Marie pleine de grace &c. O Dieu venez a mõ secours. Gloire soit au Pere &c.

HYMNE

Christe Redemptor omniũ.

Christ Redempteur de tout le mõde,
Du Principe éternel diuin écoulement
Dieu qui né sans commencement
Viens naître dans le temps d'vne Vierge feconde.
Toy qui du Pere des lumieres

A PRIME

Es toujours l'immortelle et la vi-
ue splendeur,
Doux espoir de l'homme pecheur
Remplis nos vœux ardents, exau-
ce nos prieres.
Pour nous qui sçauons l'auantage
Qui nous est arriué de te donner
à nous,
Accordant nos chants les plus doux
Célébrons ta naissance et te ren —
dons hommage.
Celuy qui d'vne Vierge pure
Voulut naistre homme Dieu pour
rendre l'homme heureux.
Le Pere et l'vnion des deux
Soient benis en tout temps de tou-
te la nature.
Ainsi soit il
Vous estes bien-heureuse.

A PRIME.

PSEAVME.

66. Que Dieu nous fasse misericorde, et nous benisse, qu'il répende sur nous ses regards fauorables.

17. Viue le Seigneur, que Dieu soit be=ni, que mon Dieu mon Saueur soit esleué au dessus de toutes choses.

133. Vous tous qui seruez le Seigneur leuez vos mains vers son fanctu-aire et le benissez.

144. Il est grand et digne d'estre loüé et sa grandeur est infinie.

Gloire soit au Pere. &c.

Ant. O Marie vous estes bien-heureu-se d'auoir crû vous verrez accomplir en vous toutes les merueilles qui vo⁹ ont esté annoncées de la part du Sei-gneur. St Luc. 1.

PETIT CHAPITRE DE JVDITH. 13.

A PRIME.

Beni-soit le Seigneur Createur du Ciel et de la terre, d'auoir conduit et fortifié vostre main pour couper la teste au plus furieux de nos Ennemis. Rendons graces a Dieu.

℣. La gloire du Seigneur s'est leuée sur vous. ℟. Et les nations marcheront a l'éclat de vôtre lumiere. Isaïe 60.

ORAISON

Gratiam tuam quæsumus. Seigneur nous vous conuions de répendre vostre grace dans nos ames, afin qu'ayant connu par la voix de l'Ange l'admirable Incarnation de vostre Fils Iesus Christ nous arriuions vn jour par sa passion et par sa croix a la gloire de sa resurrection par le mesme I. C. &c.

A TIERCE

E vous saliie
Marie &c.
O Dieu venez, &c.
Gloire soit. &c.

HYMNE.

Conditor Alme
siderum. &c.

Toy qui pares les Cieux des Astres
dont les flames
  E sclairent le jour et la nuit
Vray soleil de nos cœurs, Redemp-
teur de nos ames !
Chasse de nostre esprit l'erreur
qui les seduit.
Le déplaisir de voir que le monde

coupable
 Se precipitoit a la mort
T'oblige a luy donner vn remede
admirable
Et sur toy te fait faire vn sur-
prenant effort .
Du sein de l'Éternel de biens sour-
ce Seconde
 Pour acheuer ce grand deßein,
Comme vn diuin Espoux, tu des-
cends dans le monde
Et t'unis a la chair dans le plus
chaste sein .
O Dieu Juge seuere en ce jour re-
doutable,
 Ou tu jugeras tes sujets,
Ne nous refuse pas vn regard
pitoyable
Et de tous les Demons confonds

A TIERCE

les noirs projets .

PSEAVME

86. O Seigneur Dieu des armées, qui
est semblable a vous ? vôtre pouuoir
est sans limites, et la verité vous
enuironne .

76. Vous auez montré vostre toute
puissance parmi les nations, vous
auez deliuré vostre peuple par la
force de vos bras .

70. Seigneur je mettray toujours
mon esperance en vous, parce que
depuis mon enfance j'ay eprouué
vostre secours .

90. Et que j'ay connu que vous estes
mon vnique espoir et mon seul par-
tage dans la terre des viuants .

Gloire soit au Pere. &c.

Ant. Dieu l'ayant fait paroitre

A TIERCE

deuant luy auec vne gloire admirable, toute la terre tïnuoque et le Ciel
la benit . *Esdras . 4 .*

PETIT CHAPITRE *d'Isa. 42 .*

Le Seigneur vous a appellée dans
la justice, Il vous a choisie pour faire par vous vne étroite aliance auec
son peuple. Il a mis en vous les complaisances, et il a répendu son Esprit
sur vous .

℟. Rendons graces a Dieu .

℣. Les Roys et les Reines vous hon-
noreront en se prosternant en terre.

℟. Et ils baiseront l'endroit par ou
vous aurez passé . *Isa. 49 .*

Oraison . *Deus qui Virginalem aulam.*
O Dieu qui auez choisi pour vôtre demeure
le tres chaste sein de la bien heureuse Marie
touiours Vierge, nous vous prions qu'estant
munis de son intercession nous celebrions sa

memoire auec vne sainte allegresse, vous
qui viuez et regnez. &c

à sexte

E vous saluë. &c.
O Dieu venez. &c.
Gloire soit. &c.

HYMNE

O quam glorifi
ca Virgo &c.

Tout doit t'estre
soumis ô Vierge! sur la terre
Comme du grand Dauid rejéton
glorieux,
Tu surpasses tout dans les Cieux,

A SEXTE

Comme Mere du Dieu qui lance
le tonnerre.

   Cet honneur singulier que le
Maistre des Anges
Ait choisi dans ton sein son tem-
ple et son Palais,
Merite toutes nos loüanges
Et fait benir ton fils Roy de gloire
et de paix.

   C'est luy que l'vniuers ayme,
craint, sert, adore,
Qui de ses vifs rayons vient éclairer nos jours;
Fais donc que celuy qui t'honnore.
Contre les fiers Démons éprouue
ton secours.

   D'ou me vient cet honneur.

PSEAVME

46. Peuples de toute la terre témoi-

gnez vôtre joye par des cris d'al_
legresse de ce que le Seigneur est le
tres haut et le Souuerain de tout
l'vniuers.

33 Célébrez auec moy sa magnificence, et loüons de concert son nom
rempli de gloire.

28 Le Seigneur donnera la force a
son peuple, le Seigneur comblera sõ
peuple de benediction et luy accor-
dera vne heureuse paix.

102 Mon ame benis le Seigneur, que
tout ce qui est en moy loüe son s.t
nom: et ne mets pas en oubli tout
ce qu'il a fait pour toy.

Gloire soit au Pere. &c.

Ant. D'ou me vient cet honneur,
dit Elisabeth à Marie, que la Mere
de mon Seigneur daigne m'honorer

A SEXTE

de sa visite. St Luc. 1.

PETIT CHAPITRE de Job. 11.

Vous pouuez montrer hardiment
vostre visage, car il est sans defaut,
le matin vous vous leuerez aussi
éclatante que le soleil en plein midj,
et le soir vous brillerez comme l'Estoile du point du jour.

R. Rendons graces a Dieu.

V. Bien heureuses sont les Entrailles
qui vous ont portée.

R. Et bien heureux est le sein qui vô.
a nourrie. St Luc. 11.

ORAISON

O Dieu qui par la Seconde Virginité de
la bien heureuse Marie auez donné le salut
éternel au monde, Faites, s'il vous plaist, que
nous ressentions l'effet des prieres de celle par
laquelle nous auons receu l'Autheur de la
vie, Iesus Christ nostre Seigneur, qui vit
et regne. &c.

A NONE

E vous saliie
Marie. &c.
O Dieu venez a
mon secours. &c.
Gloire soit au
Pere. &c.

HYMNE

Memento salutis Auctor.

Souuiens toy, Sauueur adorable!
Que descendu des Cieux vers le
milieu des temps,
Tu receus dans de sacrez flancs,
Vne chair, hors le crime, a nostre
chair semblable.

ANONE.

O Vierge Mere de la grace !
Pour confondre l'Enfer preste nous
ton secours,
Et fais qu'à la fin de nos jours,
Dans le Ciel prez de toy nous puis-
sions auoir place.
Fils vnique de Dieu le Pere !
Et d'vne pure Vierge admirable en
tous lieux,
Que sur la terre, et dans les Cieux,
Auec le saint Esprit on t'ayme et
te reuere.
O fille heureuse.

PSEAVME

15. Seigneur prenez soin de ma
conduite, et me conseruez, puisque j'ay mis toute mon esperance
en vous.
21. Tournez vos yeux sur moy, ne

A NONE

me refusez pas vostre secours.
soyez prest a me defendre come.
estant mon Dieu et mon Sauueur.
30. Sauuez moy par vostre miseri=
corde, et faites que je ne sois point
confondu apres auoir eu recours
a vostre assistance.

17. Mon Dieu vous estes ma lu=
miere, Seigneur, esclairez mes tenebres. Gloire soit au Pere. &c.

Ant. O Fille heureuse! le Seigneur
le Dieu souuerain vous a benie par
dessus toutes les femmes du monde

Jud. 13

PETIT CHAPITRE de Jud. 13.

Benissez le Seigneur nostre Dieu
d'auoir accompli en moy, qui suis
sa seruante, l'œuure admirable de
sa misericorde selon la promesse
qu'il en auoit faite a la maison

A NONE.

d'Israël ___

℞. Rendons graces a Dieu.

℣. Les filles de Sion en la voyant paroitre l'ont publiée bienheureuse. ℞. Et les Reines mesmes luy ont donné de grandes loüanges.

ORAISON

Famulorum tuorũ. quæsum?

Seigneur nous vous prions tres humblement de remettre les pechez de vos seruiteurs et de vos seruantes, afin que dans l'impuissance ou nous sommes de vous plaire par nos œuures, nous soyons sauuez par les prieres de la Mere de vôtre Fils vnique IC. nostre Seigneur qui vit et regne &c.

AV ESPRES

E vous salüe,
Marie &c.
O Dieu venez a
mon secours &c.
Gloire soit &c.
Vous estes la,
gloire de Jeru_
salem.   PSEAVME
70. Seigneur je me suis apuyé sur
vous en entrant dans la vie, vo⁹
estes mon protecteur depuis que

A VESPRES

jay esté conçeu dans le sein de ma mere.

C'est pourquoy vous estes l'vnique sujet de mes loüanges.

Que ma bouche soit remplie de cantiques a vôtre gloire, afin que j'employe tous les moments du jour a publier vostre grandeur infinie.

30. Vous estes mon Dieu, et je remets toutes mes auantures entre vos mains. Gloire soit au Pere &c.

PSEAUME

43 Leuez vous, Seigneur, secourez nous et deliurez nous pour la gloire de vostre nom saint.

89. Vous auez esté nostre refuge d'age en âge et auant mesme que vous eussiez creé la Terre et tout le res=

A VESPRES

te de l'vniuers.

Retournez a nous Seigneur, lais=
sez vous flechir par vos seruï=
teurs. Puisque nous auons trou=
ué de la consolation et de la joye
dans les afflictions que vous no?
auez enuoyées. Gloire soit. &c.
Ant. Vous estes la gloire de Jeru-
salem, la joye et les delices d'Israël
et l'honneur de nôtre peuple. Jud. 15.

PETIT CHAPITRE de Tobie. 13.

Vous brillerez d'vne lumiere éclatan=
te, et on s'assemblera des lieux les
plus reculez de la terre pour vous
rendre hommage, les peuples les plus
éloignez viendront a vous chargez
de presens. Ô qu'heureux sont ceux
qui vous ayment.

HYMNE.

Ave Maris Stella.

E vous salüe o Vierge
heureusement feconde!
Digne Mere du Dieu
des Dieux!

Bel Astre! qui guidez sur la mer
de ce monde

Ceux qui veulent aller aux Cieux.

En faueur du salut du messager
céleste

Establissez nous dans la paix

La mere des viuants qui leur fut
si funeste

Vous cede ce nom pour jamais.

Chaßez l'aueuglement que nous
cause le vice,

Brisez nos indignes liens.

Priuez nous des biens faux, par
vn effort propice

A VESPRES.

Pour nous enrichir de vrays biens.
Que vostre diuin Fils apaisant
sa colere,
Ne rejette pas nostre Encens.
Faites nous éprouuer que vous
estes sa Mere,
Et que nous sommes vos Enfans.
O Vierge douce et pure encor. &plus
que les Anges.
Sanctifiez tous nos desseins
Afin que cequi sert d'objet a nos
louänges
Serue ano. rendre humbles et saints.
Faites que nostre vie en tout temps
si coupable
Acheue saintement son cours
Et qu'enfin dans le Ciel d'vne joye
ineffable.
Jesus nous remplisse toujours

A VESPRES

V. Vous serez comme vne couron=
ne de gloire dans la main du Sei=
gneur. R. Parce que vous estes l'ob=
jet de ses complaisances. Isa. 62.
Vous serez comme vn jardin.

CANTIQVE DE LA S.te VIERGE S. Luc 1

MOn ame glorifie le Sei=
gneur, et mon Esprit
tressaillit de joye au
Sauueur mon Dieu.
Parce qu'il a regardé fauorable=
ment l'humilité de sa seruante.
cette grace singuliere me fera
apeller bien heureuse dans tous
les siécles.
Car il a fait en moy de tres gran=
des choses comme tout puissant
qu'il est, luy dont le nom est tres saît.
Sa misericorde se répend d'âge en

âge sur ceux qui viuent dans
sa crainte.

Il a signalé la force inuincible
deson bras, Il a rendu vaines
les entreprises des superbes.

Il a renuersé les plus puissans de
dessus le throsne, et Il a esleué
les humbles.

Il a rempli de biens les pauures et
a renuoyé vuide les riches.

Il a pris Israël son seruiteur en sa
garde se souuenant de sa misericorde. Et de la promesse qu'il en
auoit faite a nos Peres, a Abraham,
et a sa posterité pour toujours.

Gloire soit au Pere &c.

Ant. Vous serez comme vn jar_
din abondamment arrosé et comme vne source de graces dont les

A VESPRES

Eaux ne tarissent point . Isa. 58 .

ORAISON

Concede misericors Deus.

DIEU de misericorde soutenez nostre foiblesse a faire le bien par l'Intercession de la sainte Mere de vostre Fils bien aymé, afin que nous ressuscitions a la grace en faisant mourir en nous toutes les se_ mences du peché par le mesme I.C. &c.

A COMPLIES

Je vous saluë Marie &c.

*Onuertißez nous ô
Dieu nostre Sauué,
et detournez vostre
indignation de des-
sus nous. Ps. 85.*

*O Dieu venez a mon
aide, Seigneur donnez moy vn pro-
mpt secours. Ps 69. Gloire soit au Pere.
La droite du Seigneur.*

PSAVME.

*112 Que le nom du Seigneur soit
beny depuis ce temps jusques dans
toute l'Éternité.*

Le nom du Seigneur merite des

loüanges infinies depuis le leuant
jusques au couchant

71. Toutes les nations de la Terre seront benies en ce nom adorable, tous
les peuples le glorifieront

Benissez le Seigneur, car c'est luy
qui fait seul les miracles. Que tout
le monde soit rempli de sa diuine
Majesté.

150. Que tout ce qui respire loüe le
Seigneur,

102. Et toy mon ame loüe aussi le
Seigneur qui te sauue.

Gloire soit au Pere &c.

Ant. La droite du Seigneur a signalé sa force en elle. la droite du
Seigneur l'a esleuée a vne grande
gloire. Ps. 117.

HYMNE

Virgo Dei Genitrix. &c.

Vierge par vn prodige étonnant inefable,
Celuy qui contient tout se renferme dans toy,
Et ta Virginité demeure inuiolable.
Quand Jesus dans ton sein est conceu par ta foy.
Digne mére de Dieu. fais que nôtre innocence
Nous fasse deuenir tes enfans et les siens,
Et qu'adorant les trois en leur vnique Essence
Nous soyons à jamais comblez de tous les biens.

PETIT CHAPITRE des Cant. 8 et 6.

Qui est celle qui monte de la terre au Ciel remplie de delices inéfables s'a-puyant sur son fils bien aymé, qui est belle comme la Lune, vnique comme le Soleil, et terrible à ses Ennemis comme vne armée rangée en bataille. Vous estes benie.

CANTIQVE DE S.^T SIMEON. St Luc. 2.

Nunc dimittis. &c.

C'est maintenant Seigneur que vous laisserez mourir vôtre seruiteur en paix

Puis que mes yeux ont veu le Sau_
ueur que vous auez enuoyé, et que
vous auez exposé aux yeux de tous
les peuples .

Comme estant la lumiere qui doit
éclairer les nations, et comme celuy
qui sera la gloire de vostre peuple
d'Israël .   Gloire soit au Pere . &c .

Ant. Vous estes benie de Dieu dans la mai_
son de Jacob, toutes les nations qui entendrõt
prononcer vostre nom glorifieront le Dieu
d'Israël . Jud . 13 .

℣. Bien heureuse Vierge Marie rejouïßez vous
℟. Car vous seule auez détruit toutes les here_
sies par tout le monde .

ORAISON .   Concede nos Famulos . &c .

S Eigneur mon Dieu, nous vous prions
tres humblement d'accorder a nous
qui sommes vos seruiteurs la santé
du Corps et de l'Esprit, et faites, s'il vous
plaist, que par les prieres de la bien heureuse et

glorieuse Vierge Marie nous soyons deliurez des
afflictions de cette vie mortelle, et que nous joüissi-
ons ensuite des joyes éternelles, Par nostre Seigne.r
I.C qui auec vous et le S.t Esprit, vit et regne. &c
V. Que les ames des Fideles qui sont morts re-
posent en paix par la misericorde de Dieu, et par
l'intercession de la très sainte Vierge sa digne
Mere, R. Ainsi soit il.
V. Que nous soyons toujours munis du diuin
secours. R. Ainsi soit il.

Salve Regina.

E vous salüe Reine Me-
re de misericorde: nous
vous rendons nos deuoirs
comme a nostre vie, nôtre
douceur, et nostre espérance. Nous
éleuons nos voix vers vous, nous qui
sommes enfans d'Eue, exilez du Paradis, gémissans et pleurans dans
cette vallée de larmes. O nostre Auo-
cate, tournez vers nous vos yeux

tous remplis de douceur : Et apres
que nous serons sortis de ce lieu de
bannissem.ᵗ, monstrez nous Jesus
le Fruit sacré de vostre chaste sein.
Accordez nous cette grace, vous qui
estes si pleine de bonté, de douceur et
de tendresse pour nous .

V. Sainte Mere de Dieu, priez poᵘʳ
nous .

R. Afin que nous soyons dignes
de receuoir les effets des promesses
de Jesus Christ .

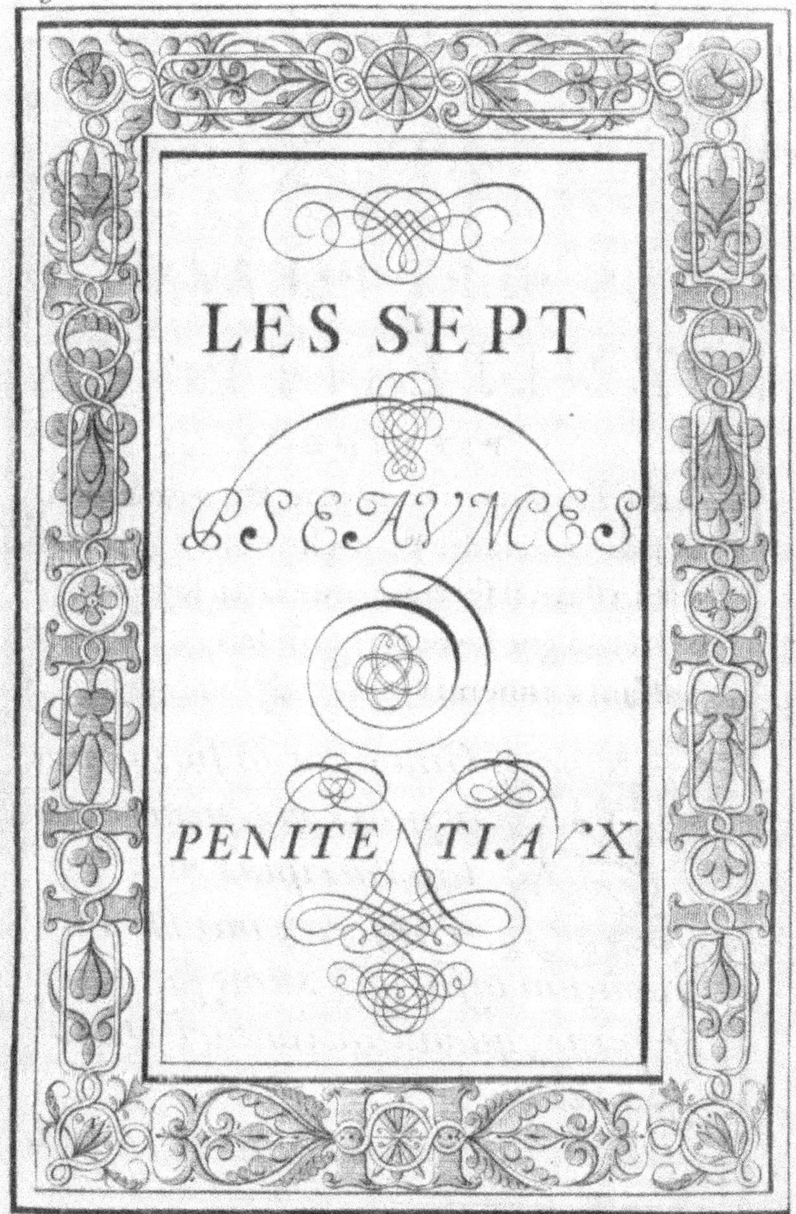
LES SEPT
PSEAVMES
PENITENTIAVX

LES SEPT PSEAVMES
PENITENTIAVX

PSEAVME VI.

Le Prophete David prie Dieu de le deli=
vrer de la maladie du peché dont il represen=
te les effets. Il se rejouit que Dieu l'ait exaucé,
& il temoigne le mépris qu'il fait de ses plus
puissants ennemis.

Omine, ne in furore tuo
arguas me : neque inira
tua corripias me.

Miserere mei Domine,
quoniam infirmus sum : sana me
Domine, quoniam conturbata sunt
ossa mea.

Et anima mea turbata est valde.

sed tu Domine vsquequo?

Convertere Domine, & eripe animâ
meam: salvum me fac propter mise=
ricordiam tuam.

Quoniam non est in morte qui me=
mor sit tui: in inferno autem quis cô
sitebitur tibi.

Laboraui in gemitu meo, lauabo
per singulas noctes lectum meum:
lacrymis meis stratum meum rigabo

Turbatus est a furore oculus meus:
inveteraui inter omnes inimicos me=
os.

Discedite a me omnes qui operami=
ni iniquitatem: quoniam exaudiuit
Dominus vocem fletus mei.

Exaudiuit Dominus deprecationê
meam: Dominus orationem meam

suscepit

Erubescant & conturbentur vehe-
menter omnes inimici mei: convertá-
tur & erubescant valde velociter.
Gloria Patri. &c.

Entimens d'vne ame tou=
chée du souvenir de son pe=
ché. Qu'vn des principaux
devoirs d'vne ame penitête
est de reconnoistre devant Dieu les
offenses qu'elle a commises. Commēt
ceux qui sont endurcis dans leurs pe=
chez & toûjours rebelles a Dieu se=
ront enfin traitez de luy.

PSEAVME XXXI.

E ati quorum remißæ
sunt iniquitates: &
quorum tecta sūt pec-
cata.

Beatus vir, cui non
imputauit Dominus peccatum: nec est
in spiritu ejus dolus.

Quoniam tacui inveteraverunt ossa mea: dum clamarem tota die.

Quoniam die ac nocte grauata est
super me manus tua: conversus
sum in ærumna mea, dum confi-
gitur spina.

Delictum meum cognitum tibi
feci: & injustitiam meam non abs-
condi. ❧

Dixi, Confitebor adversum me
injustitiam meam Domino: & tu
remisisti impietatem peccati mei.

Pro hac orabit ad te omnis sanct.⁹
in tempore opportuno.

Veruntamen in diluvio aquarum
multarum: ad eum non approxima-
bunt. ❧

Tu es refugium meum a tribulatione,

quæ circumdedit me : exultatio
mea erue me a circumdantibus
me .

Intellectum tibi dabo & instruam
te in via hac, quâ gradieris : firma
bo super te oculos meos .

Nolite fieri sicut equus et mulus :
quibus non est intellectus .

In chamo et fræno maxillas corû
constringe : qui non approximant
ad te .

Multa flagella peccatoris : speran
tem autem in Domino misericordia
circumdabit .

Lætamini in Domino, & exultate
justi : et gloriamini omnes recti
corde .

Gloria Patri. &c .

Excellente description des playes que le peché cause dans l'ame. Que les bons sõt abandonnez de leurs amis dans leurs afflictions. Qu'vne ame penitente doit prendre tous les mal= heurs de cette vie comme des moy= ens de satisfaire à Dieu, & s'y tenir toujours preparée.

PSEAVME XXXVII.

Omine, ne in furore tuo arguas me: neque in ira tua corripias me.
Quoniam sagittæ tuæ infixæ sunt mihi: et con= firmasti super me manum tuam.

PENITENTIAVX

Non est sanitas in carne mea a
facie iræ tuæ: non est pax ossib 9
meis a facie peccatorum meorũ.

Quoniam iniquitates meæ super
gressæ sunt caput meum: et sicut
onus grave gravatæ sunt super
me.

Putruerunt & corruptæ sunt cica
trices meæ: a facie insipientiæ meæ.

Miser factus sum et curvatus sũ.
vsque in finem: tota die contristat. 9
ingrediebar.

Quoniam lumbi mei impleti sũt
illusionibus: & non est sanitas in
carne mea.

Afflictus sum, et humiliatus sum
nimis rugiebam a gemitu cordis
mei.

Domine ante te omne desiderium meum: & gemitus meus a te non est absconditus.

Cor meum conturbatum est, dereliquit me virtus mea: et lumen oculorum meorum, et ipsum non est mecum.

Amici mei, et proximi mei: adversum me appropinquaverunt & steterunt.

Et qui juxta me erant de longe steterunt: et vim faciebant, qui quærebant animam meam.

Et qui inquirebant mala mihi, locuti sunt vanitates: et dolos tota die meditabantur.

Ego autem tanquam surdus nõ audiebam: et sicut mutus non ape=

riens os suum.

Et factus sum sicut homo non audiens: et non habens in ore suo redargutiones.

Quoniam in te Domine speravi, tu exaudies me Domine Deus meus.

Quia dixi, Nequando supergaudeant mihi inimici mei: et dum commoventur pedes mei, super me magna locuti sunt.

Quoniam ego in flagella paratus sum: et dolor meus in conspectu meo semper.

Quoniam iniquitatem meam annunciabo, & cogitabo pro peccato meo.

Inimici autem mei vivunt, et con=

firmati sunt super me : et multi
plicati sunt, qui oderunt me ini
que.

Qui retribuunt mala pro bonis de
trahebant mihi : quoniam seque
bar bonitatem.

Ne derelinquas me Domine Deus
meus : ne discesseris a me.

Intende in adjutorium meum : Do
mine Deus salutis meæ.

Gloria Patri, &c.

DAVID

gemit devant Dieu de son crime qu'
il a toujours present devant ses yeux.
Il prie Dieu de l'en purifier deplus en
plus & deluy donner son S. Esprit
& vn cœur nouveau. Le sacrifice que
Dieu demande est celuy d'vn cœur cō=
trit & humilié.

PSEAVME L.

Iserere mei Deus, se
cundum magnam mi
sericordiam tuam.
Et secundum multi
tudinem miserationū
tuarum: dele iniquitatem meam.

Amplius lava me ab iniquitate mea: et à peccato meo munda me.

Quoniam iniquitatem meam ego cognosco: et peccatum meum contra me est semper.

Tibi soli peccavi, & malum corâ te feci, vt justificeris in sermonibus tuis, et vincas cum judicaris.

Ecce enim in iniquitatibus conceptus sum, et in peccatis concepit me mater mea.

Ecce enim veritatem dilexisti: incerta et occulta sapientiæ tuæ manifestasti mihi.

Asperges me Domine hyßopo et mundabor: lavabis me, et super nivem deababor.

Auditui meo dabis gaudium et

lætitiam: et exultabunt oßa humi_
liata.

Averte faciem tuam a peccatis
meis, et omnes iniquitates meas
dele.

Cor mundum crea in me Deus, et
spiritum rectum innova in visceri_
bus meis.

Ne projicias me a facie tua: et spi_
ritum sanctum tuum ne auferas a
me

Redde mihi lætitiam salutaris
tui: et spiritu principali confirma
me.

Docebo iniquos vias tuas: et impij
ad te convertantur.

Libera me de sanguinibus Deus
Deus salutis meæ: et exultabit lin_

gua mea justitiam tuam.

Domine, labia mea aperies: et os meum annunciabit laudem tuam.

Quoniam si voluisses sacrificiu dedissem vtique: holocaustis non delectaberis.

Sacrificium Deo spiritus contribulatus: cor contritum et humiliatum Deus non despicies.

Benigne fac Domine in bona voluntate tua Sion: vt ædificentur muri Ierusalem.

Tune acceptabis sacrificium justitiæ, oblationes et holocausta, tune imponent super altare tuum vitulos.

Gloria Patri &c.

Xcellente priere pour l'E_
glise. Estre affligé comme
le Prophete en voyant ses
maux , & prier Dieu d'y apporter le
remede.

PSEAVME CI.

Omine exaudi
orationem me_
am: et clamor
meus ad te ve_
niat.

Non avertas
faciem tuam a
me, in quacumque die tribulor in_
clina ad me aurem tuam.

In quacumque die invocavero te,

velociter exaudi me . ❦ ......

Quia defecerunt sicut fumus dies mei: et ossa mea sicut cremium aru erunt . ❦ ......

Percussus sum vt fœnum, et aru it cor meum, quia oblitus sum co _ medere panem meum . ❦ .....

A voce gemitus mei, adhæsit os meum carni meæ . ❦ .....

Similis factus sum pellicano so litudinis, & factus sum sicut nicti corax in domicilio . ❦ .....

Vigilavi, et factus sum sicut pas ser solitarius in tecto . ❦

Tota die exprobrabant mihi ini mici mei: et qui laudabant me ad versum me jurabant . ❦ .....

Quia cinerem tanquam panem

PENITENTIAVX

manducabam: et potum meum
cum fletu miscebam. ❧❧…

A facie iræ & indignationis tuę
quia elevans altisisti me.

Dies mei sicut vmbra declinave
runt, et ego sicut fœnum arui.

Tu autem Domine in æternum
permanes, et memoriale tuum in
generatione et generationem.

. Tu exurgens Domine misereberis
Sion: quia tempus miserendi ejus,
quia venit tempus ❧❧…

Quoniam placuerunt servis tu_
is lapides ejus, et terræ ejus mise_
rebuntur. ❧❧…

Et timebunt gentes nomen tuum
Domine, et omnes Reges terræ
gloriam tuam. ❧❧…

Quia ędificauit Dominus Sion:
et videbitur in gloria sua.

Reſpexit in orationem humiliũ
et non ſpreuit precem eorum.

Scribantur hęc in generatione
altera: & populus qui creabitur
laudabit Dominum.

Quia prospexit de excelso sancto
suo: Dominus de cœlo in terram
aspexit.

Vt audiret gemitus compeditorum
vt solueret filios interemptorum.

Vt annuncient in Sion nomen Domini, et laudem ejus in Ierusalem.

In conueniendo populos in vnũ,
et reges vt seruiant Domino.

Reſpondit ei in via virtutis suæ
paucitatem dierum meorum nun.

cia mihi.

Ne reuoces me in dimidio dierum meorum: in generationem et generationem anni tui.

Initio tu Domine terram fundasti, & opera manuum tuarum sunt cœli.

Ipsi peribunt, tu autem permanes, et omnes sicut vestimentum veterascent.

Et sicut opertorium mutabis eos et mutabuntur: tu autem idem ipse es, & anni tui non deficient.

Filij seruorum tuorum habitabunt: et semen eorum in sæculum dirigetur

Gloria Patri, &c.

MOdele de l'applicatiō. avec laquelle il faut demander à Dieu le pardon dē ses péchez.

PSEAVME XXIX.

DE profundis clamaui ad te Domine: Domine exaudi vocem meam. Fiant aures tuę intendentes: in vocem deprecationis meæ.

Si iniquitates obseruaueris Domine, Domine quis sustinebit.

PENITENTIAVX

Quia apud te propitiatio est et propter legem tuam sustinui te Domine.

Sustinuit anima mea in verbo
ejus: speravit anima mea in Domino.

Acustodia matutina vsque ad noc-
tem speret Israël in Domino.

Quia apud Dominum misericordia: & copiosa apud eum redemptio.

Et ipse redimet Israël ex omnib?
iniquitatibus ejus.   Gloria Patri &c.

E Prophete prie Dieu de ne le
pas traiter selon la severité de
sa justice, mais dans sa misericorde.

PSEAVME CLII.

Omine exaudi
orationem meam,
auribus percipe
obsecrationem
meam: in verita-
te tua, exaudi me
in tua justitia.

Et non intres in judicium cum ser-
uo tuo: quia non justificabitur in côs-
pectu tuo omnis viuens.

LES SEPT PSEAVMES

Quia persecutus est inimicus animam meam: humiliauit in terra vitam meam.

Collocauit me in obscuris sicut mortuos sæculi, et anxiatus est super me spiritus meus, in me turbatum est cor meum.

Memor fui dierum antiquorū, meditatus sum in omnibus operibus tuis: & in factis manuum tuarum meditabar.

Expandi manus meas ad te anima mea: sicut terra sine aqua tibi.

Velociter exaudi me Domine, defecit spiritus meus.

Non auertas faciem tuam a me, et similis ero descendentibus in lacum.

Auditam fac mihi mane misericordiam tuam, quia in te speraui.

Notam fac mihi viam, in qua ambulem, quia ad te leuaui animam meam.

Eripe me de inimicis meis, Domine ad te confugi, doce me facere volūtatem tuam, quia Deus meus es tu.

Spiritus tuus bonus deducet me in terram rectam, propter nomen tuum Domine viuificabis me in æquitate tua.

E duces de tribulatione animam meam: et in misericordia tua disperdes omnes inimicos meos.

Et perdes omnes qui tribulant animam meam: quoniam ego feruus tuus sum.

Gloria Patri et Filio et Spiritui sancto.

Sicut erat in principio. &c.

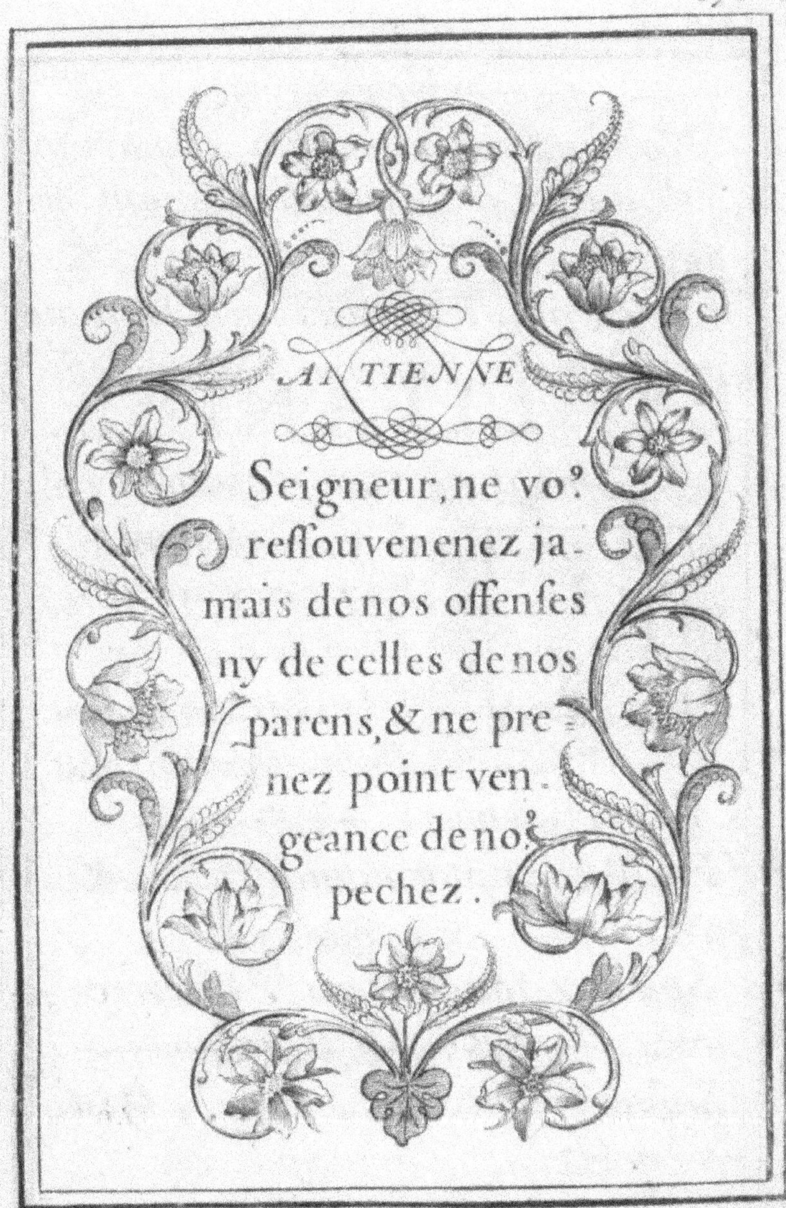

ANTIENNE
Seigneur, ne vo?
ressouvenenez ja-
mais de nos offenses
ny de celles de nos
parens, & ne pre-
nez point ven-
geance de no?
pechez.

LES LITANIES.

YRIE *eleyson.*
Christe eleyson.
Kyrie eleyson.
Christe audi nos.
Christe exaudi nos.
Pater de cœlis Deus,
Miserere nobis.
Fili Redemptor mundi Deus, Miserere nobis.
Spiritus sancte Deus, Miserere nobis.
Santa Trinitas vnus Deus, Miserere nobis.

LES LITANIES.

Sancta Maria, ora pro nobis.

Sancta Dei Genitrix,   ora.

Sancta Virgo virginum,   ora.

Sancte Michaël,   ora.

Sancte Gabriel,   ora.

Sancte Raphaël   ora.

Omnes sancti Angeli et Archangeli Dei,   orate pro nobis.

Sancte Ioannes Baptista,   ora.

Omnes sancti Patriarchæ et Prophetæ, orate pro nobis.

Sancte Petre,   ora.

Sancte Paule,   ora.

Sancte Andrea,   ora.

Sancte Iacobe,   ora.

Sancte Philippe,   ora.

Sancte Bartholomæe,   ora.

Omnes SS. Apostoli et Euangelistæ, orate pro nobis.

Sancta Anna,   ora.

Sancta Maria Magdalena,   ora.

Sancta Catharina,   ora.

Omnes Sancti et Sanctæ Dei, orate pro nobis.

Propitius esto, Parce nobis Domine.

Ab omni malo, Libera nos Domine.

Peccatores, Te rogamus audi nos.

Vt pacem nobis dones, Te rogamus audi nos.

Vt nos exaudire digneris, Te rogamus audi nos.

Fili Dei, Te rogamus audi nos.

Agnus Dei qui tollis peccata, &c.

Kyrie eleyson. Christe eleyson. Kyrie eleyson. Pater noster, &c. Oremus.

Fidelium Deus omnium conditor et Redemptor, animabus famulorum famularumque

LES LITANIES.

tuarum remiſsionem cunctorum tri-
bue peccatorum, vt indulgentiam,
quam semper optauerunt, pijs ſup-
plicationibus consequantur. Qui
viuis, &c.

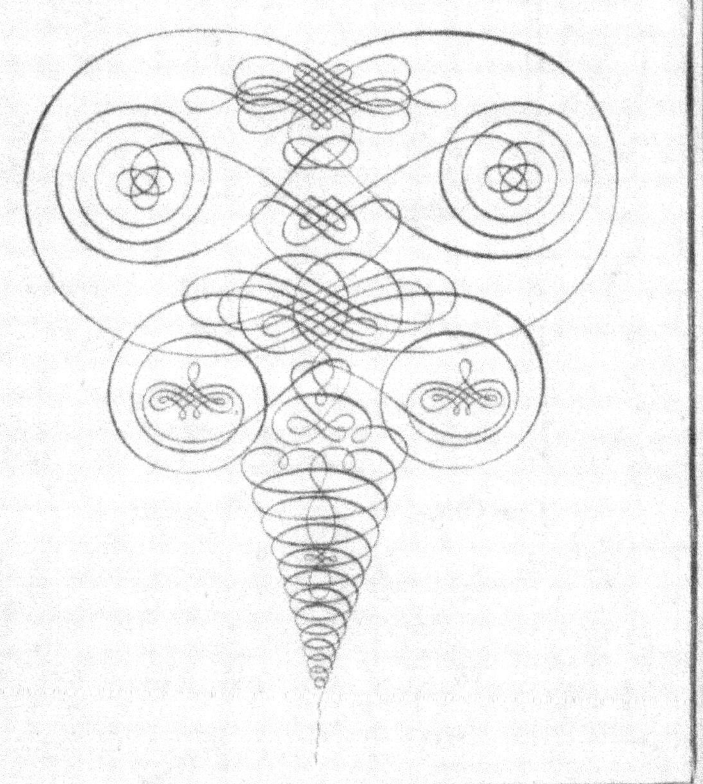

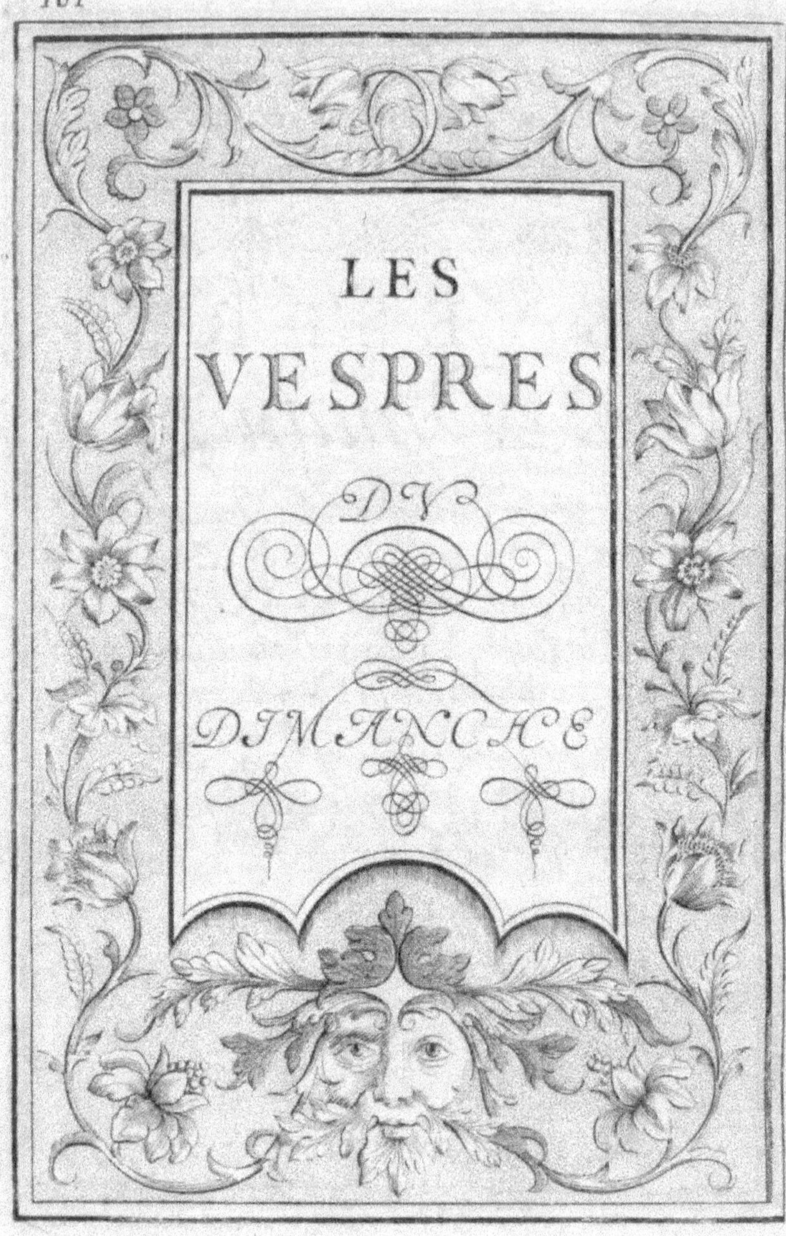
LES
VESPRES
DV
DIMANCHE

LES VESPRES
du Dimanche.

*Prophetie de la grandeur de Jesus Christ.
Qu'il sera éleué à la droite de son Pere. Que
son Royaume commencera à s'établir sur la
terre par la Iudée. Qu'il sera éternellement
Prestre selon l'ordre de Melchisedech.*

PSEAVME CIX.

IXIT Dominus Do-
mino meo : Sede a
dextris meis.

Donec ponam ini-
micos tuos : scabellũ
pedum tuorum.

Virgam virtutis tuæ emittet Domin⁹

ex Sion: dominare in medio ini_
micorum tuorum.

Tecum principium in die virtutis
tuæ, in splendoribus fanctorum: ex
vtero ante luciferum genui te.

Iurauit Dominus, et non pœnitebit
eum: Tu es facerdos in æternum se_
cundum ordinem Melchisedech.

Dominus a dextris tuis: confregit
in die iræ suæ reges.

Iudicabit in nationibus, implebit
ruinas: conquaßabit capita in ter_
ra multorum.

De torrente in via bibet: propterea
exaltabit caput.

Gloria Patri. &c.

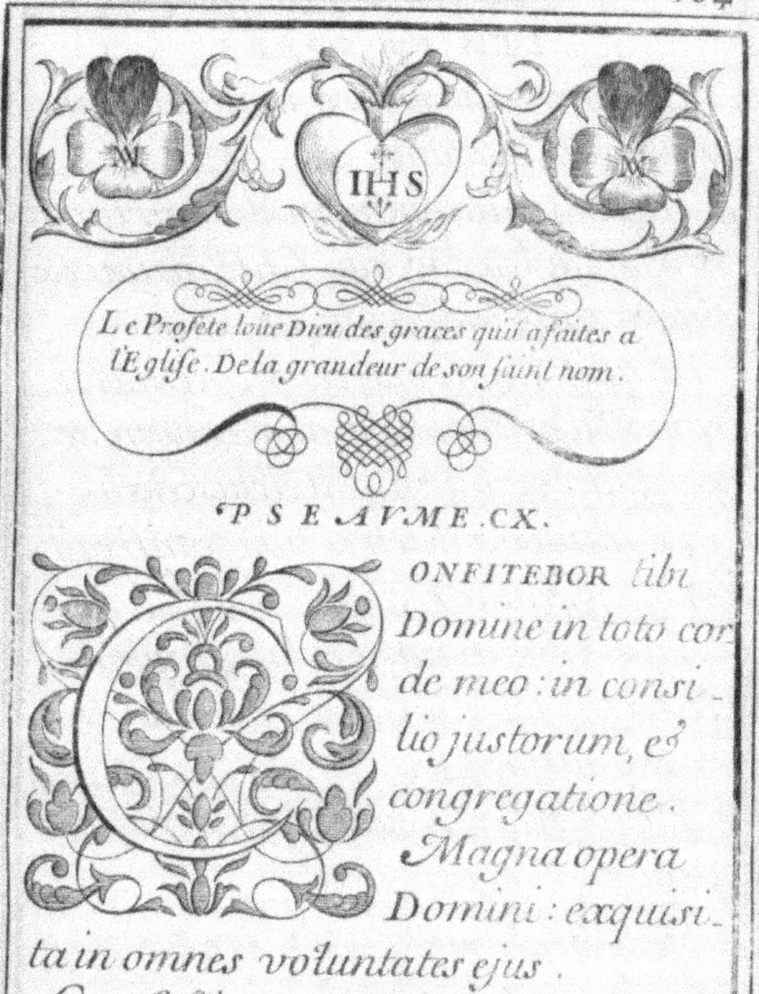

Le Profete loüe Dieu des graces qu'il a faites a l'Eglise. De la grandeur de son saint nom.

PSEAVME. CX.

ONFITEBOR tibi Domine in toto corde meo : in consilio justorum, & congregatione. Magna opera Domini : exquisita in omnes voluntates ejus.

Confessio et magnificentia opus ej? et justitia ejus manet in sæculum sæculi.

Memoriam fecit mirabilium suorum misericors et miserator Dominus : escam dedit timentibus se

Memor erit in sæculum testamenti sui : virtutem operum suorum annuciabit populo suo .

Videt illis hereditatem gentium : opera manuum ejus veritas et judicium .

Fidelia omnia mandata ejus, confirmata in sæculum sæculi : facta in veritate et æquitate .

Redemptionem misit populo suo, mandauit in æternum testamentu suum .

Sanctum et terribile nomen ejus initium sapientiæ timor Domini .

Intellectus bonus omnibus facientibus eum : laudatio ejus manet

DV DIMANCHE

in sæculum sæculi.

Gloria Patri et Filio & Spiritui sancto.

Sicut erat in principio, nunc, et semper, et in sæcula sæculorii. Amen.

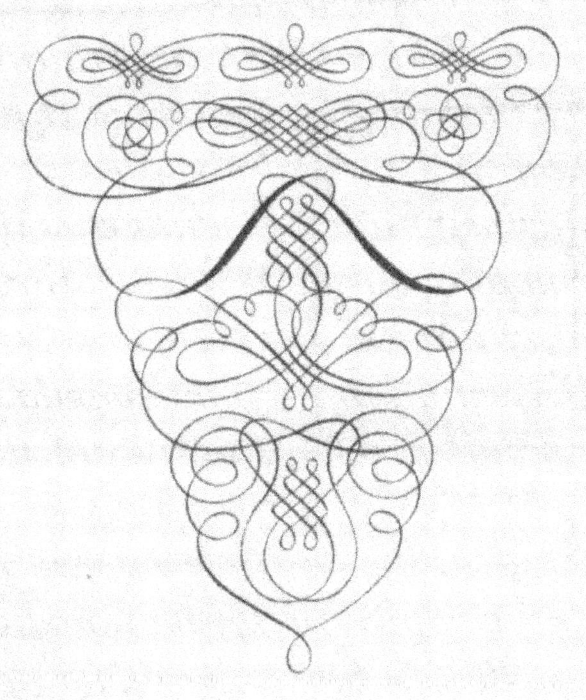

PSEAVME XI.

EATVS vir, qui
timet Dominum:
in mandatis ej.⁹
volet nimis
Potens in ter-
ra erit semen ej.⁹
generatio recto-
rum benedicetur. ———
Gloria et diuitiæ in domo ejus : et
justitia ejus manet in sæculum sæculi. ———
Exortum est in tenebris lumen

rectis : misericors et miserator et
justus.

Iucundus homo, qui miseretur
et commodat, disponet sermones
suos in judicio : quia in æternum
non commouebitur.

In memoria æterna erit justus
ab auditione mala non timebit.

Paratum cor ejus sperare in Do_
mino, confirmatum est cor ejus :
non commouebitur donec despici_
at inimicos suos.

Dispersit, dedit pauperibus jus_
titia ejus manet in sæculum sæculi :
cornu ejus exaltabitur in gloria.

Peccator videbit & irascetur,
dentibus suis fremet et tabescet :
desiderium peccatorum peribit.

Gloria Patri &c.

David se repend en ce Pseaume dans les loüanges de Dieu, de ce qu'estant aussi éleué qu'il est, il ne laisse pas de rabaisser ses soins sur les moindres choses.

PSEAUME CXXII.

Audate pueri Dominum : laudate nomen Domini.

Sit nomen Domini benedictum ex hoc nunc, & vsque in sæculum.

DV DIMANCHE

A solis ortu vsque ad occasum :
laudabile nomen Domini .

Excelsus super omnes gentes Dominus : et super cœlos gloria ejus .

Quis sicut Dominus Deus noster
qui in altis habitat : humilia respicit
in cœlo, et in terra ?

Suscitans a terra inopem : et de
stercore erigens pauperem .

Vt collocet eum cum principib.⁹
cum principibus populi sui .

Qui habitare facit sterilem in domo : matrem filiorum lœtantem .

Gloria Patri &c .

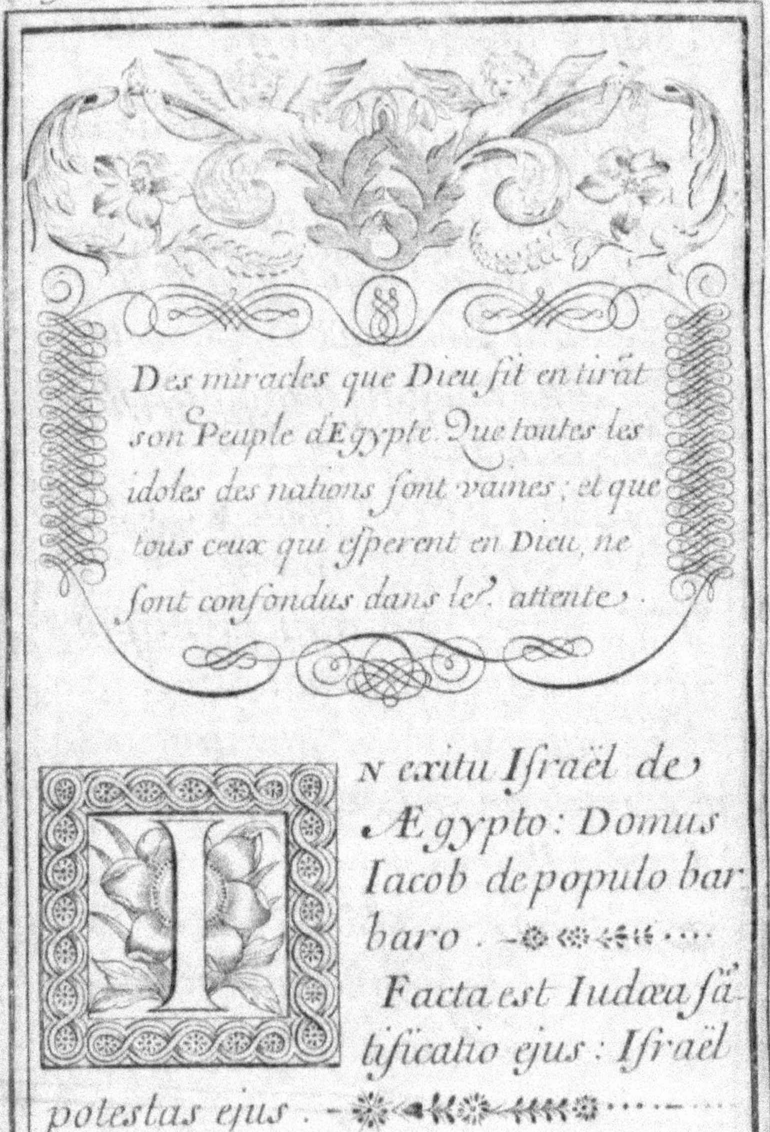

Des miracles que Dieu fit en tirãt
son Peuple d'Egypte. Que toutes les
idoles des nations sont vaines; et que
tous ceux qui esperent en Dieu, ne
sont confondus dans leʒ attente.

N exitu Israël de
Ægypto: Domus
Iacob de populo bar-
baro. –❀❀❀❀……
Facta est Iudæa sã-
tificatio ejus: Israël
potestas ejus. –❀❀❀❀❀……

Mare vidit et fugit: Iordanis conuersus est retrorsum.

Montes exultauerunt vt arietes: et colles sicut agni ouium.

Quid est tibi mare quod fugisti? et tu Iordanis, quia conuersus est retrorsum?

Montes exultastis sicut arietes: et colles sicut agni ouium.

A facie Domini mota est terra: a facie Dei Iacob.

Qui conuertit petram in stagna aquarum: et rupem in fontes aquarum.

Non nobis, Domine, non nobis: sed nomini tuo da gloriam.

Super misericordia tua, et veritate tua: nequando dicant gentes, Vbi est Deus eorum?

Deus autem noster in cælo : omnia quæcumque voluit fecit .

Simulacra gentium, argentum et
aurum : opera manuum hominum .

Os habent, et non loquentur : oculos habent, et non videbunt .

Aures habent, et non audient : na-
res habent, et non odorabunt .

Manus habent, et non palpabunt,
pedes habent et non ambulabunt :
non clamabunt in gutture suo .

Similes illis, qui faciunt ea : et omnes qui confidunt in eis

Domus Ifraël sperauit in Domino :
adjutor eorum, & protector eorum
est .

Domus Aaron sperauit in Domi-
no : adjutor eorum et protector eorū .
est .

DU DIMANCHE

*Qui timent Dominum, sperauerût
in Domino : adjutor eorum, et protector eorum est.*

*Dominus memor fuit nostri : et be-
nedixit nobis.*

*Benedixit domui Israël : benedixit
domui Aarum.*

*Benedixit omnibus qui timent Do-
minum : pusillis cum majoribus.*

*Adjiciat Dominus super vos, super
vos, et super filios vestros.*

*Benedicti vos a Domino : qui fecit
cœlum et terram.*

*Cœlum cœli Domino : terram autem
dedit filiis hominum.*

*Non mortui laudabunt te Domine :
neque omnes qui descendunt in in-
fernum.*

Sed nos qui viuimus, benedicimus

Domino : ex hoc nunc et vsque in
sæculum.
  Gloria Patri, et Filio, et Spiritui
sancto.
  Sicut erat. &c.

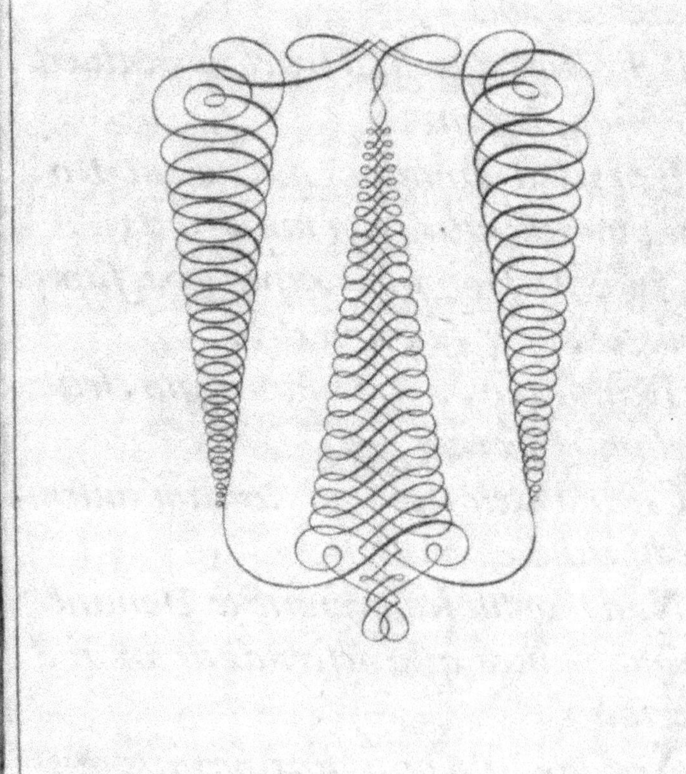

CHAPITRE.

Benedictus Deus, et
Pater Domini nostri Iesu
C. Pater misericordiarum,
et Deus toti.⁹ consolationis,
q̃ consolatur nos in om-
ni tribulatione nos-
tra. R. Deo gratias.

HYMNE

VCIS Creator op-
time
Lucem dierum
proferens,
Primordiis lucis
nouæ
Mundi parens

originem.

Qui mane junctum vesperi
Diem vocari præcipis,
Tetrum chaos illabitur
Audi preces cum fletibus.
Ne mens grauata crimine,

Vitæ sit exul munere,
Dum nil perenne cogitat,
Seseque culpis illigat :
   Cælorum pulset intimum,
Vitale tollat præmium,
Vitemus omne noxium,
Purgemus omne peßimum.
   Præsta Pater piissime,
Patrique compar vnice,
Cum Spiritu paraclito,
Regnans per omne sæculum. Amen.

CANTIQVE

DE LA

V. MARIE.

AGNIFICAT ani
ma mea Domi
num.
E t exultauit
spiritus meus, in
Deo salutari meo.
Quia respexit hu
militatem ancillæ suæ: ecce enim ex

hoc beatam me dicent omnes gene-
rationes .

Quia fecit mihi magna qui potens
est, et sanctum nomen ejus .

Et misericordia ejus : a progenie
in progenies, timentibus eum .

Fecit potentiam in brachio suo ,
dispersit superbos mente cordis sui .

Deposuit potentes de sede : et exal-
tauit humiles .

Esurientes impleuit bonis , et diui-
tes dimisit inanes

Suscepit Israël puerum suum, re-
cordatus misericordiæ suæ .

Sicut locutus est ad patres nos —
tros : Abraham et semini ejus in
sæcula .

Gloria Patri, &c .

A

COMPLIE

ONVERTE nos
Deus salutaris
noster.
Et auerte iram
tuam a nobis.
Deus in adjuto-
rium meum inté.

de

Domine ad adjuuandum me festina
Gloria Patri, &c.

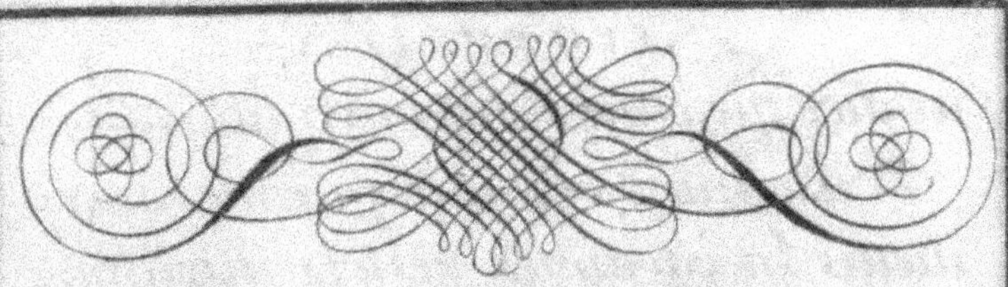

PSEAVME IV.

Dauid exhorte les hommes a se conuertir a Dieu, et il les reprend de leur dureté de cœur.

vm inuocarem, ex-
audiuit me Deus
justitiæ meæ : in
tribulatione dila-
tasti mihi.

Miserere mei : et
exaudi orationem
meam. —

Filij hominum vsquequo graui corde ? vt quid diligitis vanitatem, et
quæritis mendacium ?

Et scitote quoniam mirificauit Dominus sanctum suum : Dominus ex-

audiet me cum clamauero ad eum.

Irascimini, et nolite peccare: quæ dicitis in cordibus vestris, in cubilibus vestris compungimini.

Sacrificate sacrificium justitiæ, et sperate in Domino: multi dicunt, Quis ostendit nobis bona?

Signatum est super nos lumen vultus tui Domine: dedisti lætitiam in corde meo.

A fructu frumenti, vini et olei sui multiplicati sunt.

In pace in idipsum: dormiam et requiescam.

Quoniam tu Domine singulariter, in spe: constituisti me.

Gloria Patri &c.

Ce Pseaume est vne excellente priere qu_
vne ame fait a Dieu contre ses ennemis
Il represente admirablement l'estat
d'un homme reduit dans vne ex_
treme affliction. Du soin que
Dieu prend de ses eleus. De la
patience que nous deuons
auoir dans nos maux.

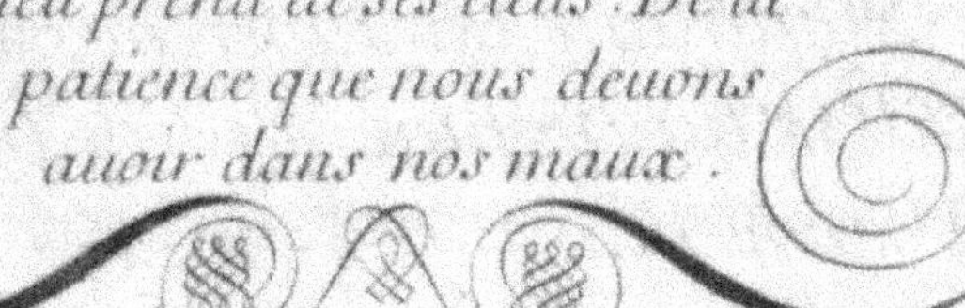

N TE Domine
speraui, non cõ_
fundar in æter
num: in justitia
tua libera me.
Inclina ad me
aurem tuam: ac_
celera vt eruas me.

Esto mihi in Deum protectorem, et in domum refugij: vt saluum me facias.

Quoniam fortitudo mea, et refugium meum es tu: et propter nomé tuum deduces me, et enutries me.

Educes me de laqueo hoc, quem absconderunt mihi: quoniam tu es protector meus.

In manus tuas commendo spiritum meum: redemisti me Domine Deus veritatis.

Gloria Patri &c.

Que ceux qui sont en Dieu comme dans
vn azile, sont a couuert de toutes les
miseres du monde et de toutes les
tentations du Demon, parce
que les Anges ont or-
dre de veiller sur
eux pour les
defendre.

PSEAVME XC.

VI habitat in ad-
jutorio Altissimi:
in protectione Dei
cœli commorabi-
tur.

Dicet Domino
Susceptor meus es
tu, et refugium meum : Deus meus

sperabo in eum.

Quoniam ipse liberauit me de laqueo
venantium: et a verbo aspero.

Scapulis suis obumbrabit tibi: et
sub pennis ejus sperabis.

Scuto circumdabit te veritas ejus:
non timebis a timore nocturno.

A sagitta volante in die, a negotio
perambulante in tenebris: ab incur-
su, et dæmonio meridiano.

Cadent a latere tuo mille, et decem
millia a dextris tuis: ad te autem non
appropinquabit.

Veruntamen oculis tuis considera-
bis: et retributionem peccatorum vi-
debis.

Quoniam tu es Domine spes mea:
altissimum posuisti refugium tuum.

Non accedet ad te malum et flagellu.

non appropinquabit tabernaculo tuo.

Quoniam Angelis suis mandauit de te: vt custodiant te in omni
bus viis tuis.

In manibus portabunt te: ne
forte offendas ad lapidem pedem
tuum.

Super aspidem et basilicum ambulabis: et conculcabis leonem et
draconem.

Quoniam in me sperauit, liberabo eum: protegam eum, quoniã
cognouit nomen meum.

Clamabit ad me, & ego exaudiam eum: cum ipso sum in tribulatione, eripiam eum, et glorificabo
eum.

Longitudine dierum replebo eũ:
et ostendam illi salutare meum.

ACOMPLIE

Gloria Patri, et Filio, et Spiritui sancto,

Sicut erat in principio, nunc et semper, et in sæcula sæculorum.

AMEN

L'Eglise exhorte en ce Pseaume les serui —
teurs de Dieu a le loüer et a le benir inceßam.t

PSEAVME CXXXIII

CCE nunc bene-
dicite Dominum:
omnes serui Do-
mini.

Qui statis in do-
mo Domini: in
atriis domus Dei
nostri. — ❀ — ⸙ —
In noctibus extollite manus vestras

A COMPLIE

in sâcta: et benedicite Dominum.
Benedicat te Dominus ex Sion:qui
fecit cœlum et terram.
Gloria Patri &c.

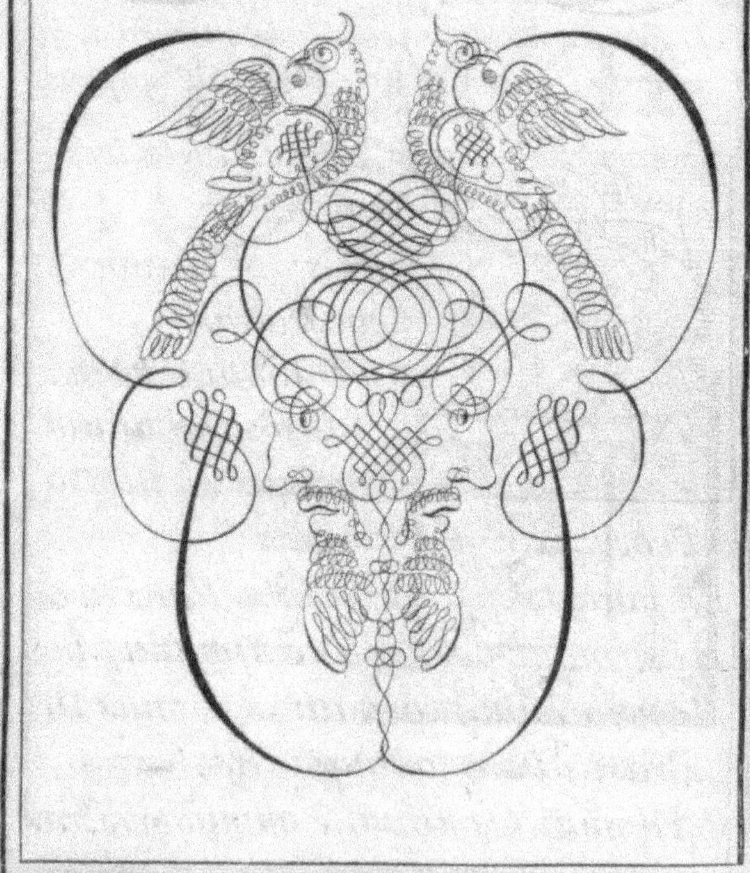

HYMNE.

E lucis ante ter-
minum,
Rerum creator
possimus,
Vt solita clemétia,
Sis præsul ad cus-
todiam.

Procul recedant somnia,
Et, noctium phantasmata,
Hostemque nostrum comprime,
Ne polluantur corpora.
Præsta Pater omnipotens,
Per Jesum Christum Dominum,

Qui tecum in perpetuum,
Regnat cum sancto Spiritu.

Chapitre

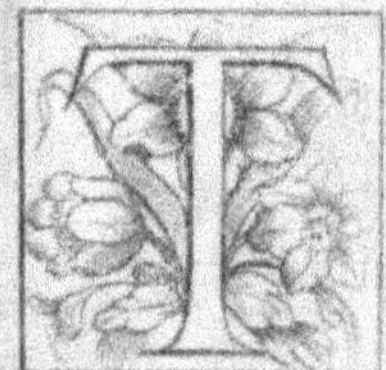u autem in nobis es Domi-
ne, et nomen sanctum tuum
inuocatum est super nos :
ne derelinquas nos Domine
Deus noster.

R. Deo gratias.

In manus tuas Domine commendo
spiritum meum.

Redemisti nos Domine Deus veritatis. Commendo spiritum meum.

Gloria Patri, et Filio, et Spiritui sancto. In manus tuas Domine &c.

V. Custodi nos Domine vt pupillam
oculi. R. Sub vmbra alarum tuarum
protege nos.

CANTQVE

.DE.

S. SIMEON.

Nunc dimittis ſeruum tuum Domine: secundum
verbum tuum
in pace .
Quia viderunt
oculi mei: salutare tuum.
Quod parasti: ante ſaciem omniũ.

populorum.

Lumen ad reuelationem gentium: et gloriam plebis tuæ Israel. Gloria Patri &c.

Ant. Salua nos Domine vigilantes, custodi nos dormientes, vt vigilemus cum Christo, et requiescamus in pace.

℣. Domine exaudi orationem meam. ℞. Et clamor meus ad te veniat.

Oremus.

VISITA quæsumus Domine, habitationem istam, et omnes insidias inimici ab ea longe repelle: Angeli tui sãcti habitent in ea qui nos in pace custodiant, et benedictio tua sit super

A COMPLIE.

nos semper. Per Dominum nostrum Jesum Christum Filium
tuum: &c

V. Domine exaudi oratione. meâ

R. Et clamor meus ad te veniat.

V. Benedicamus Domino.

R. Deo gratias.

Deus det nobis suam pacem, et
vitam æternam. Amen.

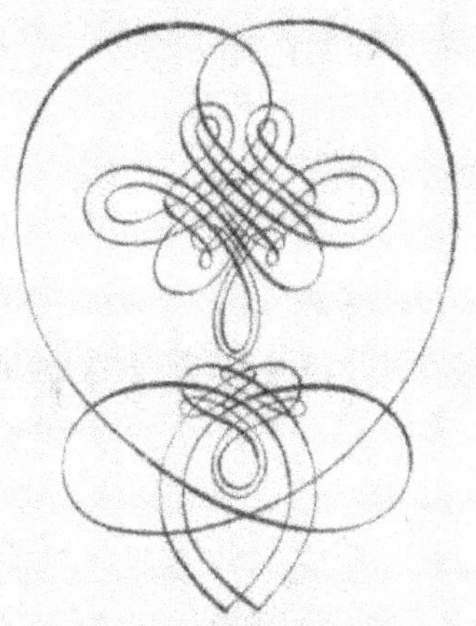

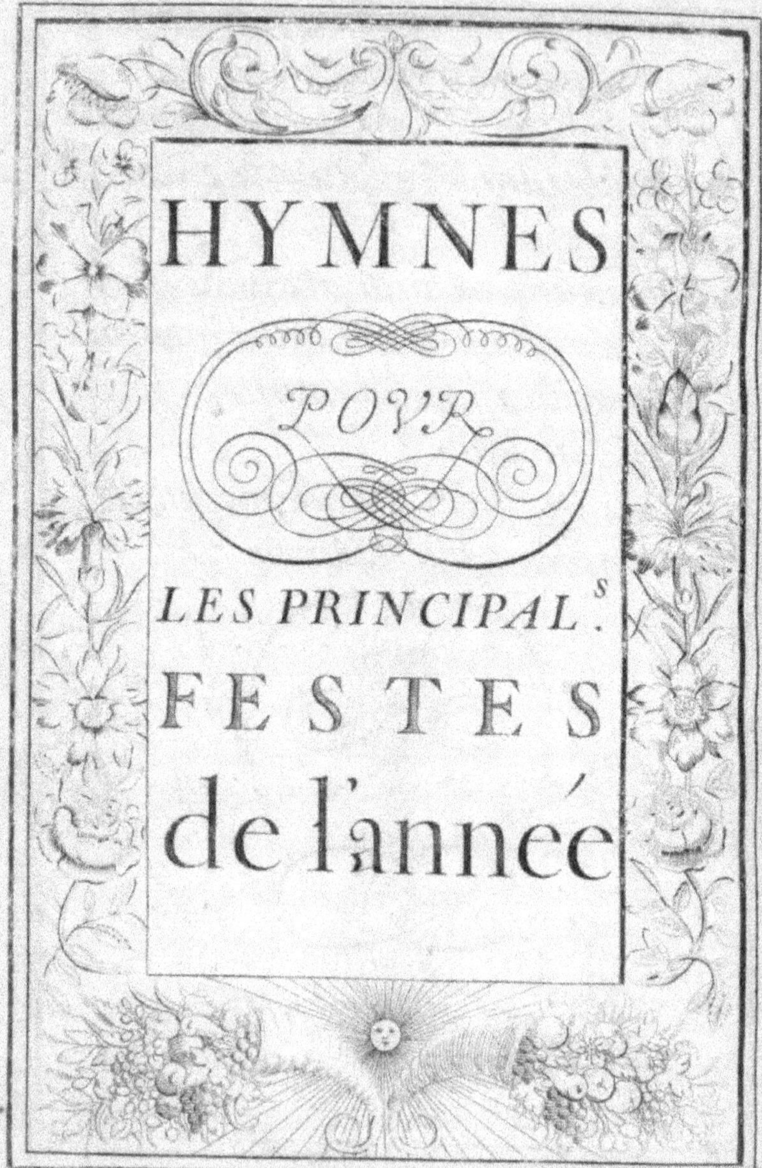

HYMNES
POVR
LES PRINCIPAL.s
FESTES
de l'année

POVR

L'ADVENT

hymne

ONDITOR alme si-
derum,
Æterna lux cre-
dentium,
Christe Redemptor
omnium,
Exaudi preces supplicum.

Qui condolens interitu,
Mortis perire sæculum,
Saluasti mundum languidum,
Donans reis remedium.

Vergente mundi vespere,
Vti sponsus de thalamo,
Egreßus honestißima
Virginis matris clausula.

Cujus forti potentiæ,
Genu curuantur omnia,
Cœlestia, terrestria,
Nutu fatentur subdita.

Te deprecamur agie,
Venture judex sæculi,
Conserua nos in tempore,
Hostis a thelo perfidi.

Laus, honor, virtus, gloria,
Deo Patri, et Filio,
Sancto simul Paraclito,

HYMNES

In sæculorum sæcula . Amen.

POVR
NOEL

HYMNE

HRISTE Redemp-
tor omnium,
Ex Patre Patris
vnice,
Solus ante prin-
cipium,
Natus ineffabiliter.
Tu lumen, tu splendor Patris,

HYMNES.

Tu spes perennis omnium,
Intende quas fundunt preces,
Tui per orbem famuli.

Memento salutis auctor,
Quod nostri quondam corporis,
Ex illibata Virgine,
Nascendo formam sumpseris.

Sic præsens testatur dies,
Currens per anni circulum,
Quod solus a sede Patris,
Mundi salus adueneris.

Hunc cælum, terra, hunc mare,
Hunc omne quod in eis est,
Auctorem aduentus tui,
Laudans exultat cantiquo.

Nos quoque qui sancto tuo,
Redempti sanguine sumus,
Ob diem natalis tui,
Hymnum nouum concinimus.

HYMNES

Gloria tibi Domine
Qui natus es de Virgine,
Cum Patre et sancto Spiritu
In sempiterna sæcula. Amen.

POVR

LE JOVR D'VN MARTIR

hymne

EVS tuorum mi-
litum,
Sors et corona
premium
Laudes canentes
Martyris,
Absolue nexu

criminis.

HYMNES.

Hic nempe mundi gaudia,
Et blandimenta noxia,
Caduca rite deputans
Peruenit ad cælestia.

Pœnas cucurrit fortiter,
Et sustulit viriliter,
Pro te effundens sanguinem,
Æterna dona possidet.

Ob hoc precatu supplici,
Te poscimus piissime,
In hoc triumpho Martyris,
Dimitte noxam seruulis.

Laus, et perennis gloria,
Deo Patri et Filio,
Sancto simul Paraclito,
In sempiterna sæcula. Amen.

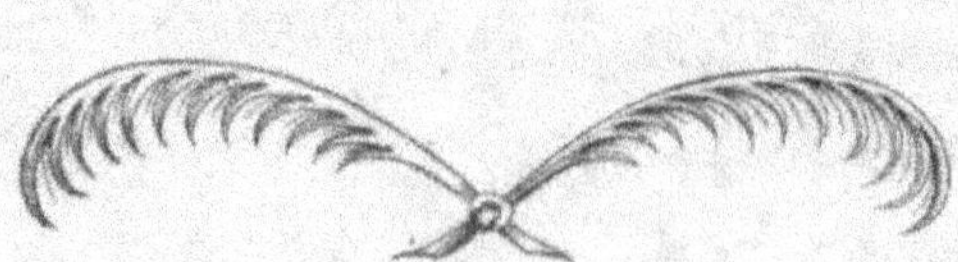

hymne
Pour les Innocens
Aluete florea
Martyrum,
Quos lucis ipso in
limine
Christi insecutor
sustulit,
Seu turbo nascen-
tes rosas.
Vos prima Christi victima,

HYMNES.

Grex immolatorum tener,
Aram sub ipsam simplices
Palma et coronis luditis .
  Gloria tibi Domine ,
Qui natus es de Virgine ,
Cum Patre et sancto Spiritu,
In sempiterna sæcula. Amen .

POVR

LE JOVR DES ROYS

Hymne

OSTIS Herodes
impie,
Christum veni-
re quid times?
Non eripit mor-
talia,
Qui regna dat

cœlestia.

HYMNES

Ibant Magi quam viderant,
Stellam sequentes præuiam,
Lumen requirunt lumine,
Deum fatentur munere

Lauacra puri gurgitis
Cœlestis Agnus attigit,
Peccata quæ non detulit,
Nos abluendo sustulit.

Nouum genus potentiæ,
Aquæ rubescunt Hydriæ,
Vinumque jussa fundere
Mutauit unda originem.

Gloria tibi Domine,
Qui apperuisti hodie,
Cum Patre et sancto Spiritu,
In sempiterna sæcula. Amen.

HYMNE

Vdi benigne
conditor,
Nostras preces
cum fletibus,
In hoc sacro je-
junio
Fusas quadra-
genario.

HYMNES

Scrutator alme cordium,
Infirma tu scis virium,
Ad te reuersis exhibe,
Remißionis gratiam .
 Multum quidem peccauimus,
Sed parce confitentibus,
Ad laudem tui nominis
Confer medelam languidis .
 Sic corpus extra conteri
Dona per abstinentiam,
Jejunet vt mens sobria
A labe prorsus criminum .
 Præsta beata Trinitas ,
Concede simplex Vnitas ,
Vt fructuosa sint tuis
Jejuniorum munera . Amen .

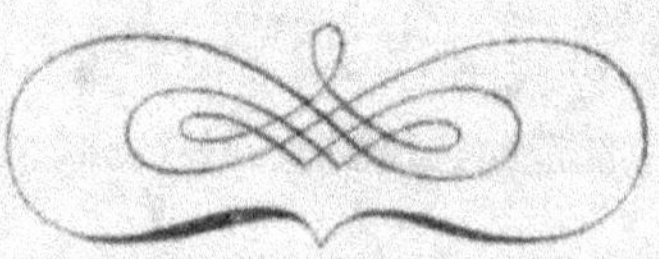

HYMNE POVR
LE JOVR
DE LA PASSION

E xilla regis pro-
deunt
Fulget crucis
mysterium
Quo carne car-
nis conditor,
Suspensus est
patibulo.
Quo vulneratus insuper

HYMNES

Mucrone diro lanceæ,
Vt nos lauaret crimine,
Manauit vnda et sanguine.
  Impleta sunt quæ concinit
Dauid fideli carmine,
Dicens, In nationibus
Regnauit a ligno Deus.
  Arbor decora et fulgida
Ornata Regis purpura,
Electa digno stipite
Tam sancta membra tangere.
  Beata cujus brachijs
Sæcli pependit pretium :
Statera facta corporis,
Prædamque tulit tartari.
  O Crux aue spes vnica
Hoc Passionis tempore :
Auge pijs justitiam
Reisque dona veniam.

Te summa Deus Trinitas,
Collaudet omnis spiritus :
Quos per crucis mysterium
Saluas rege per sæcula. Amen.

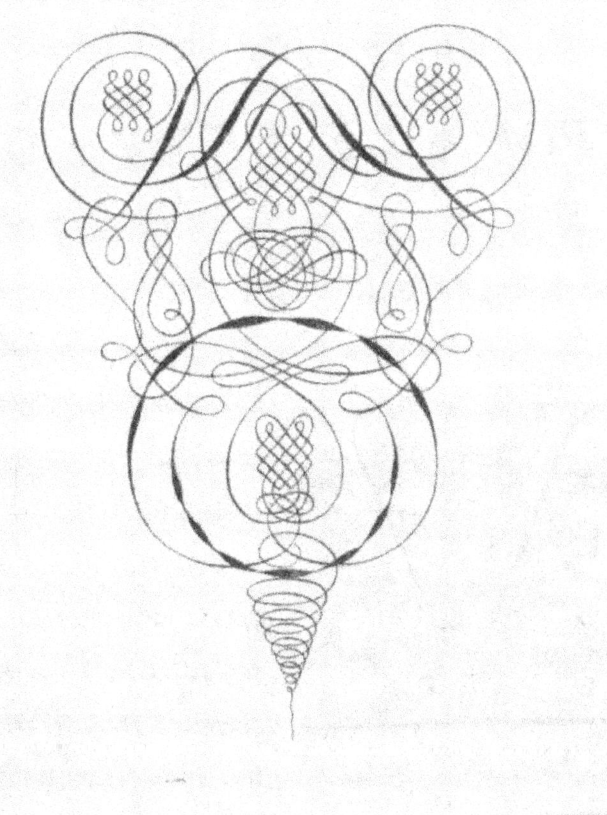

PROSE
POVR LE TEMPS DE
PASQVES

Ictimæ Paschali laudes immolant Christiani. Agnus redemit oues, Christus innocens patri reconciliauit peccatores.

Mors et vita duello conflixere mi-

HYMNES

rando, dux vitæ mortuus regnat
viuus.

Dic nobis, Maria, quid vidisti in
via?

Sepulchrum Christi viuentis, et
gloriam vidi resurgentis.

Angelicos testes, sudarium et ves-
tes. Surrexit Christus spes nostra,
præcedet vos in Galilæam.

Credendum est magis soli Ma-
riæ veraci, quam Judæorum turbæ
fallaci.

Scimus Christum surrexisse a
mortuis vere, tu nobis victor Rex
miserere Amen.

Himne

Pour l'Ascension

Esv nostra re—
demptio,
Amor et deside-
rium,
Deus Creator om-
nium,
Homo in fine tem-
porum.
Quæ te vicit clementia,
Vt ferres nostra crimina,

HYMNES

Crudelem mortem patiens,
Vt nos a morte tolleres ?
  Inferni claustra penetrans,
Tuos captiuos redimens,
Victor triumpho nobili,
Ad dextram Patris residens
  Ipsa te cogat pietas,
Vt mala nostra superes,
Parcendo et voti compotes
Nos tuo vultu saties.
  Tu esto nostrum gaudium,
Qui es futurus præmium,
Sit nostra in te gloria,
Per cuncta semper sæcula. Amen.

PENTECOSTE

HYMNE.

Eni creator Spiritus,
Mentes tuorum visita,
Imple superna gratia,
Quæ tu creasti pectora.

HYMNES

Qui Paraclitus diceris,
Donum Dei altißimi,
Fons viuus, ignis, charitas,
Et spiritualis vnctio.
   Tu septiformis munere,
Dextræ Dei tu digitus,
Tu rite promissum Patris
Sermone ditans guttura.
   Accende lumen sensibus,
Infunde amorem cordibus,
Infirma nostri corporis
Virtute firmans perpeti.
   Hostem repellas longius,
Pacemque dones protinus,
Ductore sic te præuio,
Vitemus omne noxium.
   Per te sciamus da Patrem,
Noscamus atque Filium.
Te vtriusque Spiritum

HYMNES

Credamus omni tempore.
Gloria Patri Domino,
Natoque, qui a mortuis
Surrexit, ac Paraclito,
In sæculorum sæcula. Amen.

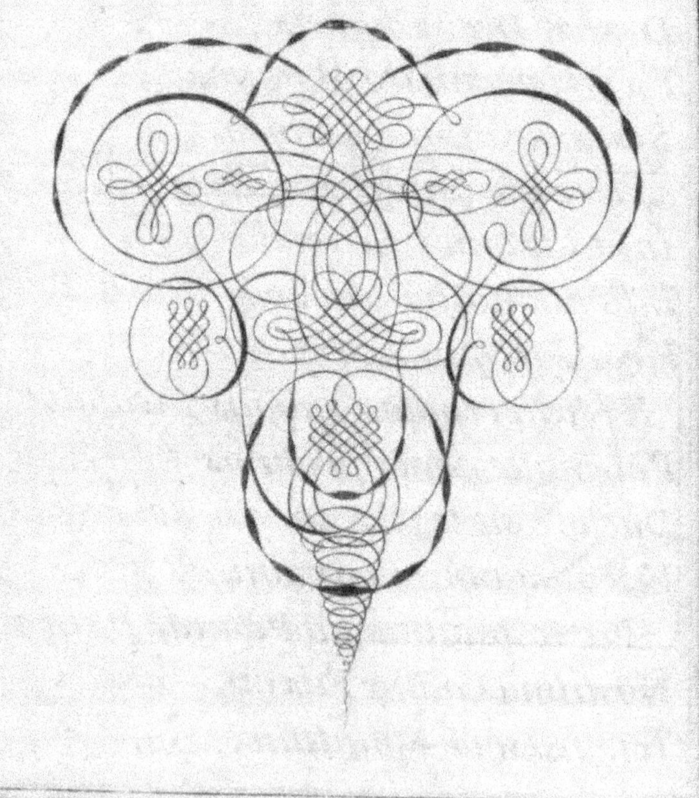

LVX beata Tri
nitas,
Et principalis
Vnitas,
Jam Sol recedit
igneus,
Infunde lumen
cordibus.
Te mane laudum carmine.

HYMNES

Te deprecemur vespere,
Te nostra supplex gloria,
Per cuncta laudet saecula.
   Deo Patri sit gloria,
Ejusque soli filio,
Cum Spiritu Paraclito,
Et nunc in perpetuum. Amen.

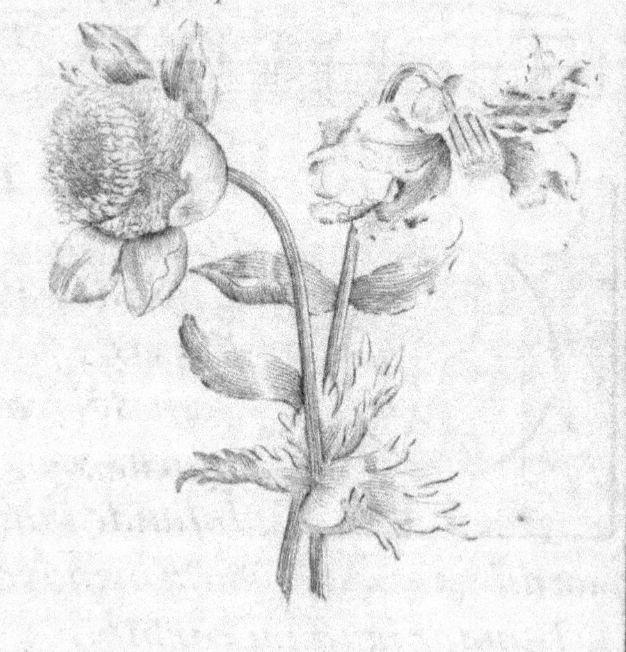

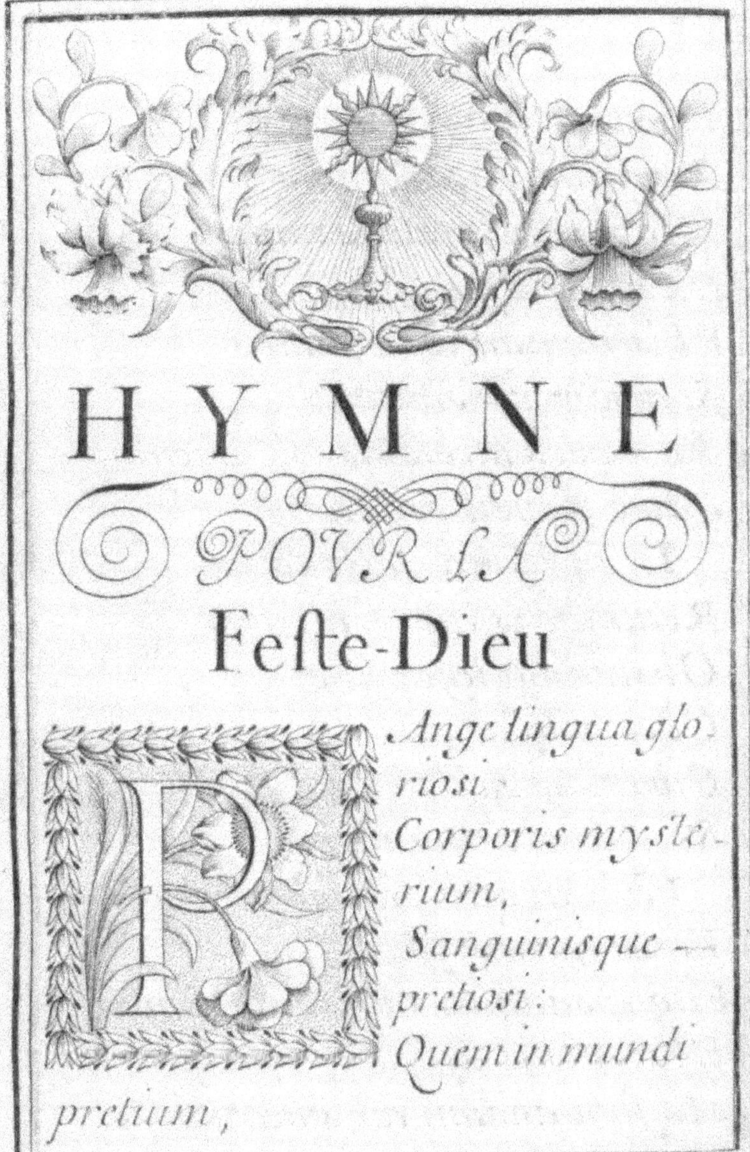

HYMNE

POUR LA

Feste-Dieu

Ange lingua glo-
riosi.
Corporis myste-
rium,
Sanguinisque
pretiosi:
Quem in mundi
pretium,

HYMNES

Fructus ventris generosi
Rex effudit gentium.
  Nobis datus, nobis natus,
Ex intacta Virgine,
Et in mundo conuersatus,
Sparso verbi semine;
Sui moras incolatus
Miro clausit ordine.
  In supremæ nocte cænæ
Recumbens cum fratribus,
Obseruata lege plene
Cibis in legalibus,
Cibum turbæ duodenæ
Se dat suis manibus.
  Verbum caro, panem verum,
Verbo carnem efficit,
Fitque sanguis Christi merum:
Et si sensus deficit
Ad firmandum cor sincerum

HYMNES

Sola fides sufficit.

Tantum ergo Sacramentum
Veneremur cernui,
Et antiquum documentum
Nouo cedat ritui,
Præstet fides supplementum
Sensuum defectui.
Genitori, genitoque
Laus et jubilatio,
Salus, honor, virtus quoque
Sit et benedictio :
Procedenti ab vtroque
Compar sit laudatio. Amen.

Vt queant laxis
resonare fibris,
Mira gestorum
famuli tuorum,
Solue polluti la-
bij reatum
Sancte Joannes

Nuntius celso veniens Olympo,

HYMNES

Te patri magnum fore nasciturum,
Nomen et vitæ seriem gerendæ
Ordine promit.
Ille promissi dubius superni,
Perdidit promptæ modulos loquelæ
Sed reformasti genitus peremptæ
Organa vocis.
Ventris obstruso recubans cubili,
Senseras Regem thalamo manetem,
Hinc parens nati meritis vterque
Abdita pandit.
Gloria Patri, genitæque Proli,
Et tibi compar vtriusq3 semper
Spiritus alme, Deus vnus omni
Tempore sæcli.

LA TOVSSAINTS

HYMNE

HRISTE Redemp-
tor omnium,
Conserua tuos
Famulos,
Beatæ semper
Virginis,
Placatus sanctis
precibus.

HYMNES

Beata quoque agmina,
Cœlestium spirituum,
Præterita, præsentia,
Futura mala pellite.

Vates æterni judicis,
Apostolique Domini,
Suppliciter exposcimus
Saluari vestris precibus.

Martires Dei incliti
Confessoresque lucidi,
Vestris orationibus
Nos ferte in cœlestibus.

Chori sanctarum virginum,
Monachorumque omnium,
Simul cum Sanctis omnibus
Consortes Christi facite.

Gentem auferte perfidam
Credentium de finibus:
Vt Christo laudes debitas

HYMNES

Persoluamus alacriter ,
Gloria Patri ingenito ,
Ejusque vnigenito ,
Vna cum sancto Spiritu ,
In sæculorum sæcula . Amen .

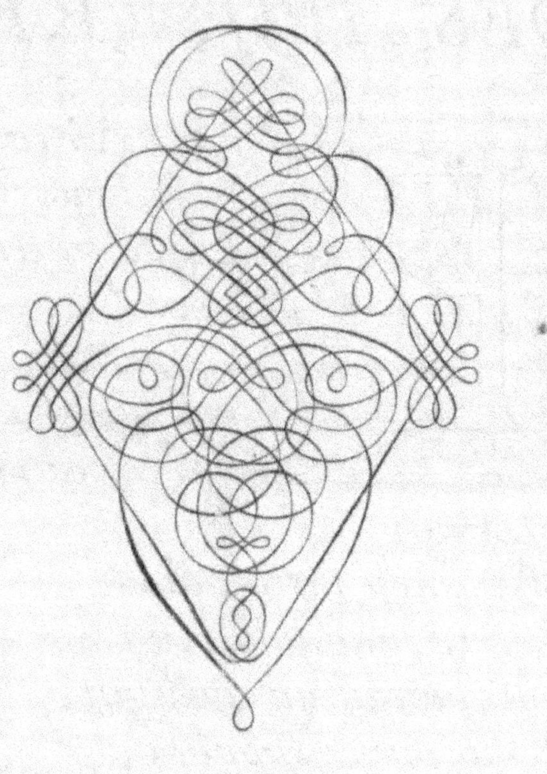

DES APOSTRES

EXULTET cœlum
laudibus,
Resultet terra
gaudijs,
Apostolorum
gloriam
Sacra canunt
solemnia.
  Vos sæcli justi judices,
Et vera mundi lumina,
Votis precamur cordium,
Audite preces supplicum.

HYMNES.

Qui cœlum verbo clauditis,
Serasque ejus soluitis,
Nos a peccatis omnibus
Soluite jussu quæsumus.

Quorum præcepto subditur
Salus et languor omnium,
Sanate ægros moribus
Nos reddentes virtutibus.

Vt cum judex aduenerit
Christus in fine sæculi,
Nos sempiterni gaudij
Faciat esse compotes.

Deo Patri sit gloria,
Ejusque soli Filio,
Cum Spiritu Paraclito,
Et nunc et in perpetuum. Amen.

HYMNE

MARTYRS.

Anctorum me-
ritis, inclyta
gaudia
Pangamus socij,
gestaq3 fortia,
Nam gliscit ani
mus promere can-
tibus Victorum genus optimum.

HYMNES

Hi sunt quos retinens mundus
inhorruit:
Ipsum nam steril i flore per aridū,
Spreuere penitus, teque secuti sunt,
   Rex Christe bone cælitus.
Hi pro te furias atque ferocia
Calcarunt hominum, sęuaque ver-
bera,
Cessit his lacerans fortiter vngula,
   Nec carpsit penetralia.
Cæduntur gladijs more bidentium,
Non murmur resonat, non quæri-
monia,
Sed corde tacito mens bene confcia,
   Conseruat patientiam.
Quæ vox, quæ poterit lingua re-
texere
Quæ tu Martyribus munera præ-
paras?

HYMNES

Rubri nam fluido sanguine lau-
reis,
  Ditantur bene fulgidis.
  Te summa Deitas, vnaque posci-
mus,
Vt culpas abluas, noxia subtrahas,
Des pacem famulis, nos quoque
gloriam
  Per cuncta tibi sæcula. Amen

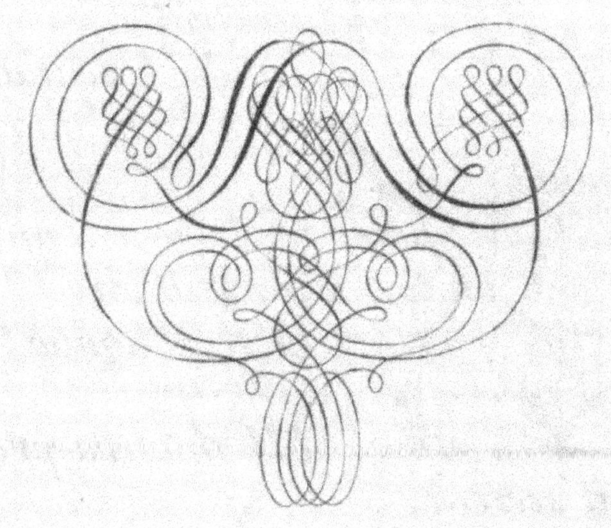

HYMNE

POVR

LES CONFESSEVRS.

STE Confessor
Domini sacra-
tus,
Festa plebs cu-
jus celebrat per
orbem,
Hodie lætus me-
ruit secreta,

HYMNES

Scandere cœli.

Qui pius, prudens, humilis, pu-
dicus,

Sobrius, castus fuit et quietus,

Vita dum præsens vegetauit ejus,
Corporis artus.

Ad sacrum cujus tumulum
frequenter,

Membra languentum modo sa-
nitati,

Quolibet morbo fuerint grauata,
Restituuntur.

Vnde nunc noster chorus in ho-
norem

Ipsius hymnum canit hunc li-
benter,

Vt piis ejus meritis juuemur,
Omne per æuum.

Sit salus illi, decus atque vir-

tus,
Qui supra cœli residens cacumen,
Totius mundi machinam gubernat,
Trinus et vnus. Amen.

POVR le commun des VIERGES

HYMNE

ESV corona Vir-
ginum,
Quem mater illa
concipit,
Quæ sola Virgo
parturit,
Hæc vota clemens
accipe.

HYMNES

Qui pascis inter lilia,
Septus choreis Virginum,
Sponsus decorans gloria,
Sponsisque reddens præmia.
  Quocumque pergis Virgines
Sequuntur, atque laudibus
Post te canentes cursitant,
Hymnosque dulces personant.
  Te deprecamur largius,
Nostris adauge sensibus,
Nescire prorsus omnia
Corruptionis vulnera.
  Laus, honor, virtus, gloria
Deo Patri, et Filio,
Sancto simul Paraclito,
In sæculorum sæcula Amen.